二階俊博
全身政治家

石川　好［著］

日本僑報社

目次

第一章　二階俊博という「運命」

政治家とは何か

一人の政治家の軌跡と彼を政治家たらしめている運命や生まれ育った風土と歴史、そして人間関係を背景に描くことで「政治家」とはいかなる仕事に従事する「職人」あるいは「芸人」なのか。その上で「政治」とはいかなる「術」または「芸」を駆使する「技」なのかを考えることが本書の目的である。

「政治とは何か」「政治家とはいかなる人間なのか」。こうした問いは、人間が社会的存在として意識されて以来、世の東西を問わず、古代より続けられ多くの書物も書かれてきた。自然科学の諸分野を除けば、あらゆる社会科学系の学問は政治的なるものと深く結びついている。

哲学者や学者による本格的な政治論でなくても、社内政治、学界政治、町内会政治、家庭内政治等々、恋愛も含め人間関係をすべからく「政治」に見立てた書物も多くある。宇宙物理学者の松井考典が、デカルトの「我思う、ゆえに我あり」ではなく、人間は「我関わる、ゆえに我あり」だと言ったが、人間なるものは、他者との関わりの中にいるからこその「我」なのだという松井の考え方から導き出されるのは、（もとより松井はこの言葉を宇宙との構造について述べているのだが）人間がその本性において「政治的」な存在であることを意味すると解釈してもさしつかえないであろう。

国政であれ地方議会であれ、そこに住む人々を「職業としての政治家」と名付けているけれど、わたしたち人間は先にあげたように市井にあっても、職場にあっても、学界内にあっても、政治的に生きているのである。人間は政治的生き物なのだ。

人間が政治的な生き物であるなら、彼あるいは彼女は、どのような理由で、いわゆる「職業としての政治家」になるのであろうか。生来政治的な生き物である人間が、あえて政治を職業とするまでに、何があったのか。これは人さまざまかと思われる。「我が家系は代々政治家であるから、自分は必然としてこれを『職業』というより『家業』にした」と言う政治家もいる。

しかし人間が環境によって生き方が大きく作用されるなら、政治家を考えるとき、彼の育った家庭環境と少年期における他者との出会い、そして生まれた土地の歴史や風土をあらかじめ理解しておかなければならない。

したがって、政治あるいは政治家について書くとき、数多くの書物が参考となるわけだが、その数ある政治について書かれた文章の中から、本書で取り上げる政治家にふさわしい内容の文章としてわたしは明治期日本の最高レベルの外交官であった陸奥宗光の政治論を念頭におきながら書き進めたい。なぜなら本書で取り上げることになる政治家こそ以下に紹介する陸奥宗光の政治及び政治家論を秘かに実行している人物とおもわれるからである。

その人物は、見るもの触れるもの聞こえるものといった五感、そして頼まれたこと、あるいは頼まれもしていないものまで、先走って政治化する「全身政治家」であり、かつ地元や永田町はおろか日本全国そして世界に出向く「東西南北の政治家」であるからだ。そのような政治家を論じるわけだから、筆は自ずと東西南北の横道にそれ、加えてメディアに取り上げられることのないエピソードを多く紹介することになるので、この政治家の実像あるいは虚像にどれだけせまれるのか、実のところわたしには自信がない。しかし書き進めるうちにその人物の姿が立ち現れると信じこの「全身政治家」について一冊を仕立て上げたいのである。

陸奥宗光は井上馨あての手紙で次のように述べている。

「抑モ政治ナル者ハ術（アート）ナリ、学（サイエンス）ニアラズ。故ニ政治ヲ行フノ人ニ巧拙（スキール）ノ別アリ。巧ミニ政治ヲ行ヒ、巧ミニ人心ヲ収攬スルハ、即チ、実学実才アリテ広ク世勢ニ練熟スル人ニ存シ、決シテ白面書生机上ノ談ノ比ニアラザルベシ。亦タ立憲政治ハ専制政治ノ如ク簡易ナル能ハズ。故ニ其政治家ニ必要スル所ノ巧且熟ナルモノモ、一層ノ度ヲ増加スベシ。将又タ政治熱ニ浮カサレタル人民ハ、恰モ恋慕熱ヲ煩フ少年ノ如ク、迷夢一覚ノ秋ニ至ル迄ハ、殆ド其良心ヲ失フモノノ如キ状アリ。而シテ、此政治熱ナルモノモ、我国ニモ将来毎日流行スルコトナルベシ。之ヲ医治スルノ術如何ト云ヘバ、唯ダ人民ノ意欲（パッション）ニ訴ヘ、其意欲ヲ制限スルニ在ルベシ。決シテ新奇ナル（実ハ陳腐ナル）哲学主義ヨリ理解（リーズニング）シ得ベキモノニアラズ。此辺之真味、唯ダ智者ト談ズベク、愚者ニ語ルベカラズ」

読みにくいと思われるので、平たく説明すると、

政治というものは学問ではなく、術である。だから政治家には仕事する上での巧みな人物と下手な人物がいる。上手に政治を行い、人の心を上手くつかむのは、実学と実行力があり、広く世間の何たるかを知る知恵の持ち主であって、白面の書生が机上でする理想論ではない。

立憲政治は専制政治の様に簡単なものではない。であるから、政治家に求められるものはこれにおける巧みさと情熱であり、それは片時もわすれてはならない。政治熱に浮かされる人民はあたかも恋に落ちた少年のごとく、その夢が破れるまでは、良心を失うも同然となる。この少年のごとき政治熱は我が国にあっても、現在も将来もずっと流行し続ける。

これを治療するには、ただただ人民のその意欲に訴え、しかし、他方では、上手にその意欲を制御しなければならない。決して新奇なる（これはえてして陳腐となる）哲学的に解決せんとしてはならない。ここの所は、ただただ知恵のあるものとヒソヒソと論じるべきで、愚者とは決して話し合ってはいけない。

ここで、陸奥が述べたいことは、（これを書いたのは、明治期の日本にあって、国権論者と、民権

論者に国論が二分していた頃）日本も近代国家になった以上、専制君主の鶴の一声でものが決まるわけではない。立憲議会政治を行う限り、いかにすれば広範囲な人民を説得できるのか、にかかっている。だから、それには政治家にあっては「術」が求められる。しかし、人民は「政治」となると、必ず熱くなりやすい。ここが厄介なところだ。陸奥宗光は、立憲政治はポピュリズムに陥るものだと断言する。このポピュリズムという広範囲の人民の脳に宿る厄介なエネルギーを、いかに制御するのか。それを「術」というのである。

陸奥の論で面白いのは、こうした政治の「術」を行うに際し、彼ら人民は決して理解しないから詳しく教えてはいけない。知恵のある政治家どうしが、ヒソヒソ話をして行うべし。という末尾の一節である。「民は之に由らしむべし、之を知らしむべからず」というわけで、現代の政治家でも、ここを読めば、思わずニヤリとするだろう。とりわけ本書で取り上げる政治家は「陸奥先生はよくぞ言ってくれた」と一人つぶやくことだろう。

政治とはどんなに反対意見が強くても最後は妥協せざるを得ないわけで、つづめて言えば「政治とは妥協の術」という事になる。しばしば言われる「足して二で割る」術のことだ。重要なことは「足して二で割る」そのことを誰がやるのか、ということになる。これができる人間を陸奥は真の「政治家」というのである。問題はそこにあって、誰かがせざるを得ないのだが、しかし誰がやったか分からないようにやる。しかし、「オレが、オレが」とばかり言いたがる政治家が多くなった今日、自慢話をせず秘かに落し所を捜す。そんな政治家がいるのか。

わたしが本書で書くことになる政治家こそ、そうした見えないことを秘かに実行する人物だと思われるのである。

いずれにしても立憲政治においてポピュリズムという得体のしれない民衆エネルギーとどのように対峙するのか。これは日本に限った話ではない。民主主義、立憲政治を行っているあらゆる国家の課題であろう。とりわけ二〇一六年はイギリスのＥＵ離脱、アメリカにおけるトランプ政権の誕生、韓国における反朴槿恵運動等々、世界中にこのポピュリズムの嵐が吹き荒れた年として後世の歴史家が書くことになるだろう。

陸奥宗光の文章を本書の冒頭で引用したのは、立憲政治の最大の難問である、このポピュリズムという大衆エネルギーと上手にやれるのが真の政治家であると考える陸奥宗光の強烈な確信を紹介したかったからである。

と同時に政治家と政治について考える本書を書くとき陸奥宗光の文章を紹介するのは、稿を進めながら筆者が迷路に入ったかと自問するとき、この陸奥の言葉に立ち返り、筆を執りたいと念じるからである。

前置きが長くなったが、本書で俎上に上っていただく政治家は、「政治とは術なり」「政治はただただ知恵のあるものとヒソヒソと論じるべきで、愚者とは決して話し合ってはいけない」「上手に政治を行うものは実学と実行力があり、広く世間の何たるかを知る知恵の持主であるべし」と言い切った陸奥宗光より、ほぼ一世紀後、正確に言えば九十五年後に、同じ紀州（和歌山県）に生まれる二階俊博自由民主党幹事長である。

二階俊博は七十八歳。当選十二回を数える衆議院議員。そのような現役政治家を在職中に論じることは、書き方によっては彼が終わった政治家になる可能性もあり、極めて危険かつ失礼な作業となるだろう。政治家の評価は彼が世を去っても定まらないのは世界の共通認識であるからだ。

にも係わらず二階俊博についてては、バリバリの現役である今だからこそ書いてみたいのである。なぜなら、政治家に限らないが、人間は年齢と共に円熟し、孔子の言葉でいえば、七十八歳の二階は「七十にして心の欲する所に従って矩《のり》を踰《こ》えず」の心境に達しているはずなのに、矩を飛び越えてさらに「進化」と「深化」を続けているからである。それどころか、現代政治の妖怪という評まで出始めている。中国の日本研究者からは九〇歳になっても現役であった鄧小平みたいになってきた。という評価すら出ているのである。

なぜ二階俊博に限っては、年と共に「進化」と「深化」を続けられるのか。その理由を考えるのがわたしが本書を世に問う秘かな願いなのである。加えて、先に陸奥が述べたように、政治的に知恵のあるものがヒソヒソと議論し、落としどころを捜すという政治芸を、今日の政界にあって（過去には少なからずいたのだが）唯一と断言できるほど実行しているのが、二階俊博ではないのか、という予断が、わたしにはあるからだ。この予断があればこそ、政治ジャーナリズムとは無縁のわたしではあるが、あえて一冊の書物として世に問いたいのである。果たしてこの予断が正しいのか否か。本書において証明できれば、と思いつつ筆を進めたい。

二階俊博とは何者なのだ

さて話しは二階俊博についてである。彼は、政界を揺さぶるような大演説や、大論文を発表したわけでもない。テレビの討論番組等で激論を交わすわけでもない。総理候補の一人として大々的にメディアで取り上げられたこともない。それどころか、政治家になった後、多くの政党を渡り歩いた、ある面では失礼ながら札付きの政治家と批判されることもある。このように政治家としては、ないない尽くしのタイプである。

しかし、政治を職業とする人々あるいは政治ジャーナリストからの評価は極めて高い。創業者でもないのにいつの間にか派閥のオーナーにさえなっている。まことにつかみどころのない政治家である。しかし存在感は他を圧している。二階俊博という政治家は政界や政局の中心にいるようでありながら、局外にいるようでもある。このような政治家の本質に迫るのは大変な作業だ。それゆえに急がば回れのたとえに従い、遠回りした話から始めたい。そうでもしないと、この政治家の本質は見えてこないからである。本書の主人公二階俊博が登場するまでの時間はたっぷりある。作者としては、彼を登場させる前に、これから始まる彼の物語の舞台装置と背景画を書いておかねばならない。その主たる舞台は中国である。

わたしが二階俊博に強い興味を覚えたのは、中国における二階俊博の評価が極めて高いことがその理由であった。日本における二階の評価は前述したように一部のジャーナリズムや政界における限られたものだが、中国ではそれと真逆で政治の世界での知名度は抜群に高く、わたしが中国を訪問するたび、地方の書記や省長などからも二階の名前がしばしば出るのであった。

私と中国

わたしはモノを書き始めて以来、多くはアメリカがらみのものであったが、五十を過ぎて初めて中国を旅をしたのだが、その旅行は強烈な印象となり、中国を知らずして日本について語ることはできないと思い至り、それから今日まで、年に四五回は中国に出向いている。

この当時、わたしが訪中する理由は、日本の著名なマンガ家たちを引率し、中国各地で「日中マンガ展」を開催することにあった。中国における日本マンガ・アニメ熱は日本人の想像を超えるほど高く、行く先々の市や大学で大歓迎をもって迎えられた。とりわけ二〇〇八年から始めた満州からの引き揚げマンガ家たちが作った「八月十五日の会」の訪中は圧倒的な支持者を集めたのであった。この会は森田拳次、ちばてつや等が中心となり、日本人の戦争体験をマンガ絵として描いたもので、一三〇点ほどの作品が集められ、これを中国の「抗日戦争記念館」で展示するという企画であった。二〇〇九年八月十五日、南京大虐殺記念館で開催された時は、十一ヶ月というロングランとなり、入場者は二百四〇万人という記録的な動員数となったのである。そしてその翌年七月七日、北京の中国人民抗日戦争記念館での開催となるのだが、その直前、尖閣諸島

南京、マンガ展オープニング

（中国名釣魚島）で中国漁船と日本の公船が衝突する事件が発生し、あらゆる日中交流行事は中止に追い込まれるのであるが、このマンガ展だけは党中央の支持があり、開催できたのである。

その後、満州事変発生の地、瀋陽で、更には吉林省の偽満故宮博物院で、更には黒竜江省のハルピンで、といったように中国各地の戦争記念館で展覧会を開催したのである。二階俊博は、ハルピン展のとき、マンガ家たちと共に参加してくれたのであった。

わたしはこのことを記録するため、二〇一四年潮出版社から「マンガ家たちの8・15」を出版し、同書は二〇一六年中国の東方出版社より中国語版も刊行された。日本人の戦争体験が中国で出版されるとは考えたこともなかったので、それだけ日本のマンガ家たちの評価が高かったからだと思い知ったのである。

幸運なことに、二〇〇〇年代の初頭、当時中国課長であった横井裕現中国大使から「新日中友好二十一世紀委員会」を新しく立ち上げることになったので、従来の中国専門家でない方々を委員に推したい、ついてはわたしにもそのメンバーとなるよう要請された。

その時の日本側メンバーは、座長に小林陽太郎富士ゼロックス会長以下、五百籏頭真（防大校長）、国分良成（現防大校長）、松井考典（現千葉工大教授）、伊藤元重（現学習院大学教授）、向井千秋宇宙飛行士ら七名、中国側メンバーは座長に鄭必堅中央党校副校長やCCTVの人気キャスター白岩松、清華大学教授の閻学通らであった。

この委員会は日中両国の官邸直属であったがゆえに会合が終わると、わたしたち委員は中国と日本の首相に会議内容を報告することになっていたので、胡錦濤主席、温家宝首相、呉邦国全人代常務委員会委員長ら中国政府のトップと意見交換の場が与えられた。

中国から日本にこの委員会がやってくると、時の首相や官房長官が会っていたのである。加えてわたしは二〇〇二年、日中国交正常化三十周年記念事業実行委員会において企画委員長となり、様々な日中交流イベント事業に参加するようになり、五年ごとに開催される同事業は回を重ね三十五周年、四十周年、そして今年の四十五周年にも企画委員に選ばれた。このように対中国とのつきあいは、わたしの人生にとって、生活の一部となるほどであった。

こうした活動の結果、中国共産党の機関紙「人民日報」の歴代の社長、邵華沢、白克明（後に海南省書記・河北省書記）許中田、王晨（後に国務院新聞弁公室主任、現全人代副委員長）、張研農らと極めて親しくなり、彼らがどこどこの省に〇〇という若い政治家がいるから会ったら良いと紹介してくれるようになり、多くの若い政治家と会う機会に恵まれた。その中には胡春華（現広東省書記）、周強（元湖南省書記・現人民大法院院長）、孫春蘭（福建省書記）等々、錚々たるメンバーであった。そんなこともあって、知り合った省のいくつかの大学の客員教授に任命され、年に一二度講演に出かけることとなったのである。そのような私的な旅をしているとき、少なくない中国の政治家の口から二階俊博の名前が出るのであった。ある時重慶に出向いたら「このモノレールは、二階先生が努力して作ってくれたものです。わたしたちは、二階モノレールと呼んでいます」と市政府の役人が教えてくれた。またまたある時は、「二階先生は、中国の砂漠化を防止するために多くの日本人を引率し、植林活動をしてくれているのです」「二階先生らのおかげで、中国の青少年が日本に行くことが出来ました」「二階先生のおかげで中国全省の防災課の役人が日本を訪問でき、そこで日本の地震や防災訓練を学ぶことが出来ました」

このような話を、わたしは二階と出会う前後に何度も聞いていた。これを言った方々は実物の二階俊博には会ってはいなかったのではあるが、ともかく噂というか、伝説が出来上がっていたのである。

このような中国における二階俊博に対する評価と日本における二階に対する評価のギャップ。わたしが二階俊博について書いてみたいと考えた動機のひとつはここにある。

二階俊博と一帯一路

本年（二〇一七年）五月十四・十五の両日、北京において「一帯一路」国際フォーラムが開催された。これは習近平が掲げる「偉大なる中華の復興」の看板政策である。このフォーラムには世界二十八カ国の首脳と、二〇〇〇人前後の参加者が集まる。当初、日本からの参加は見送られることになっていたのだが、しかし四月二十六日、幹事長二階俊博が出席すると発言するや、中国側に衝撃が走る。ＡＩＩＢ（アジアインフラ投資銀行）に日本とアメリカは参加しておらず、この「一帯一路」構想についても無関心を決め込んでいる日本なのに党内最大の実力者の幹事長が出席を決めたわけだから、中国側が驚くのは無理もない。首相級の会合なのに、二階俊博出席発言を受け、同フォーラムの議長格である陳元（前中国国開発銀行総裁、現シルクロード計画研究センター理事長）が五月十五日二階俊博以下十数名の日本代表団を夕食会に招待するのである。

陳元は「新中国」十大元老の一人で中国計画経済の父と呼ばれる陳雲の息子で、いわゆる紅二代と呼ばれる人物である。陳元については『チャイナズ・スーパーバンク　中国を動かす謎の巨大銀行』（ヘンリー・サンダースン、マイケル・フォーサイス　原書房）に詳しく書かれているが、貸出残高は世界銀行の七倍強といわれる中国開発銀行の総裁を長く務め、欧米の金融界で最も知られる金融マンである。

ＡＩＩＢ（アジアインフラ投資銀行）にせよ、「一帯一路」経済圏にせよ、これらは元をただせば陳元のアイディアによって生み出されたものである。

その陳元が二階俊博に是非とも会いたいとの申し出がなされたのだ。わたしは、なぜかフォーラムの主催者からそこに同席するようとの招待状を受け、それればかりかフォーラムにおいてスピーチまで要請されてもいたのである。そしてその夕食会にも同席した。二時間を超す夕食会であったが、陳元が二階に対し、

「日本政府は『一帯一路』に参加する意欲があるのか」と質問すると二階は、

「政府はそこまでの準備は出来ていないが、自民党の幹事長として申し上げます。これは重要な案件と思いますので、自民党内に『一帯一路』の研究会を立ち上げる。このことをここでお約束します」と言ったのである。

後に知るのだが、陳元に対し、二階俊博と会うよう指示したのは習近平国家主席であった。翌十六日午前、二階俊博代表団は安倍晋三首相の親書を持って習近平国家主席との会見に出向く。

習近平は何とその場で親書を開封し、読むという異例中の異例の行動に出る。会見冒頭で「二階先生は古い友人です」と語るのだが、これは、遡ること二年前の五月二十三日。二人して人民大会堂で歴史的演説をしたことを暗示していたと思われる。このことは第五章で詳しく述べることになるが、親書を、それを預かってきた人間の前で開いて読むことは、外交儀礼上あり得ないのであるが、それを敢えて断行したことは、よほど習近平が二階俊博を信用しているかの証拠といえるであろう。この様子を中国のメディアが多く報道していた。

それにしても二階俊博は不思議な政治家である。毛沢東等の農民革命によって、中国に社会主義国家が成立したわけだが、中国をどのようにして社会主義経済国家に作り変えるのか。その宿題を毛沢東から与えられたのが、陳元の父親である陳雲と、二階が最も親しかった政治家で天下取り直前に失脚する薄熙来元重慶市書記の父、薄一波。そして、国家主席となった習近平の父親の習仲勲であった。

陳雲が重視した経済政策は農民・農業・農村。といわれる「三農」分野をどのように成長させるのか。その上で社会主義を実行するために「計画経済」を主張する。薄一波はどちらかといえば財政規律派であり、初代の財政部長になっている。習仲勲は改革開放派で、後に広東省の深圳に鄧小平の唱える経済特区の司令塔となる。この三人は極めて仲が悪く、とりわけ薄一波と習仲勲の仲は最悪で、それが息子である薄熙来と習近平の権力闘争にも強い影響を及ぼす。しかし、陳元の父陳雲は一度も失脚することなく、人生を全うするのである。陳元は薄熙来や習近平のようには政治に関心を示さず、学者として、あるいは金融のプロとして政界との距離を保つのであった。

二階俊博が不思議な政治家であると言ったのは、この習近平、薄熙来、そして陳元という紅二代で最も重要人物たちと友情を結び得た唯一の日本の政治家である、という意味においてである。

習近平は本年秋に開催される第十九回党大会において、名実共に「中国の核心」という地位に就き、中華文明の偉大なる復興に向け動き出すが、その最大のテーマが「一帯一路」であり、それを補強するためのＡＩＩＢである。その「一帯一路」の司令塔となるのが陳元。習近平と陳元。この二人から信頼される二階俊博。なぜそのような信頼を中国において勝ち得ることが出来たのか。なぜ二階俊博はかくまでも中国において評価が高いのか？

これを理解するためにもう少し外交的・政治的背景を描きたい。

外交政治家への道

日本において政治を語るとき、ほとんどの書物や文章は国内政治についてである。しかし欧米においては「外交」論は主要な政治課題となっていて、政治に係る書物では、外交論が時として、ベストセラーになる。だが日本に限っては、島国という自然条件と鎖国政策もあってか、外国との交際機会が極めて少なく、そのせいか、今日であっても、外交を得意とする政治家も「外交は票にならない」と嘆いているのである。だが、外交がうまく行っての安全保障であり、経済活動でもある。その結果としての平和国家であることを考えれば、改めて日本にとっての外交とは何か、が問われなければならない。しかも日本独特の外交が……。

アジアにおいて、唯一、本格的な植民地にならず、主権国家となった日本。「条約改正」に道筋をつけた陸奥宗光の外交的仕事は、日露戦争の戦後処理をした小村寿太郎、第二次世界大戦に大敗した戦後日本の国連加盟を成し遂げた吉田茂。あるいは安全保障に政治生命をかけ日米安保条約を改定した岸信介らに比べても、それらの業績のはるかに上を行くものと言えるであろう。「地球儀を俯瞰する外交」を唱え、外交を最重視する安倍晋三首相は、近年では稀にみる外交政治家と言える。

そのような陸奥宗光がなぜ外交とは何の関心もない政治家と思われている二階俊博について書くことになる本書に登場するのか不思議に思われる向きも多くいるだろう。それこそ本章でこれから述べる二階俊博の「運命」ともいえる奇縁が存在するからである。

一代の外交家である陸奥宗光。陸奥とほぼ同時代人で「稲むらの火」として一八五四年の安政南海大地震で村民を救済したことで知られる濱口梧陵、そして当代切っての外交史論家岡崎久彦、この紀州出身の人々が折々に触れるが、二階俊博と運命的につながっていることに、後に多く触れることにするが、なぜこのように内政はおろか外交分野までの全方位的な政治家であるのかの謎が幾分なりとも解明できると思われるからである。

もう一つの理由は、意外に思われるかもしれないが、二階俊博が戦後の最高レベルの外交政治を行っている事を本書で明らかにしたいからだ。陸奥宗光、岡崎久彦と続く紀州藩の外交センスを実行者あるいは外交芸人として渉んでいるのが二階俊博であるからだ。このことは本書で折々、詳しく述べることになる。

それにしても、明治期最高レベルの外交政治家陸奥宗光の言葉を一見すれば極め付きのドメスティックな政治家と思われている二階俊博の軌跡を描くことになる本書に登場させるのは、異論もあるだろう。

陸奥宗光は、漢籍の教養において、また西欧の

陸奥宗光

政治思想の研究において比類ない業績を示し、その上で、外交史家としてまた実務家としても、近代日本で最高レベルの仕事を成し遂げている政治家である。

陸奥の業績に触れると、開国し近代国家を創り上げるとき、最大の課題はペリーによる開国要求後、欧米列強から押し付けられた「不平等条約」であった。関税自主権を奪われ治外法権である外国人居留地を飲まされていれば、日本は半植民地である。欧米列強は近代になると中東を、アフリカを、インドネシアを、インドを、中南米とを次々と植民地にしていった。しかし、日本は開国してからわずか二十年余りの明治二十七年。陸奥宗光らの努力により「条約改正」にこぎつける。

お隣の中国はどうか。一八四二年のアヘン戦争以後、中国各地に列強は「NO DOG. NO CHINESE.（犬と中国人は立ち入り禁止）」という看板を立てた居留地を作る。関税自主権はもとよりない。中国は欧米植民地主義のえじきとなっていたのである。

直近の話だが習近平は国家主席になるや「中華民族の偉大なる復興」をスローガンに「屈辱の百年を乗り越える」を、政権の一大目標としているのは、アヘン戦争から始まった欧米列強による中国との不平等な関係、そして日本の侵略戦争に到る近代百年の屈辱。これを乗り越えて「偉大な中華文明を復活させる」と言うのである。古来、アジアの宗主国であった中国が欧米日による半植民地支配下に百年も置かれた。これを打破する事が近代中国の悲願であった。

蒋介石を研究しているある中国人学者が「自分（蒋介石）が中国の政治家として最も誇りに思うことは、一九四一年一二月、日本が英米仏といった諸国に宣戦布告したせいで、欧米諸国と我々は日本を共通の敵とする同盟が成立した。その結果対中国との不平等条約を全て撤廃させたことである」といった内容の言葉を蒋介石は側近に語っていたと教えてくれた。

この話題を少し深めたい。

二〇一六年十一月、北京において、習近平国家主席も出席し、孫文生誕一五〇周年記念セレモニーが開催された。孫文こそ近代中国革命の先駆者であった。

その孫文の「革命いまだならず」の遺言は、今日に至るまで、中国人の心をとらえている。孫文の遺言の最後の部分で、実現すべき党の当面の課題として、「不平等条約の撤廃」をあげ、とりわけ最短期間内にその実現を促すべしと命じていた。これは「中国の自由平等を求める」上で具体的な課題だからである。孫文の後継者を自負する蒋介石は孫文のこの「不平等条約の撤廃こそ自分に課せられた最大の仕事」だと自覚していたのだ。孫文が世を去った一九二〇年代半ば、中国はどのような国だったのか。

『革命とナショナリズム』（岩波新書）で石川禎浩は次のように述べている。

当時、世界の見る中国は、哀れなほど貧しく、弱かった。辛亥革命によって一九一二年に設立した中華民国は、政体こそ共和制を謳っていたが、その内実は備わらず、北京の中央政権は、全国に号令の行き渡るような権威も実力も持っていなかったのである。孫文が北京で客死したのも、前年一九二四年秋の政変で混乱した中央政局の善後処理を話し合うべく、地盤とする広東から北京へやって来ていたからであった。また清朝以来の負の遺産である不平等条約体制は相変わらずであり、その象徴ともいうべき租界は上海・天津などの大都市になお存在し、中国に権益を持つ列強諸国の駐兵権はそのままであった。

そうした弱気中国の姿を国際連盟での地位から見てみよう。中国は国際連盟が発足した一九二〇年からの加盟国で、当初は連盟の非常任理事国の一石を占めていた（常任理事国はイギリス・フランス・日本・イタリアの四ヶ国）。だが、一九二三年の選挙では、非常任理事国が六ヶ国に増えていたにもかかわらず、四八票中わずか一〇票しか得られずに落選し、翌年、翌々年の改選でも負け続けた。つまり、一九二五年の時点で、中国はしかるべき地位を得ることができなかったのである。日本に次ぐアジアの代表格を自認していた中国の外交官たちにしてみれば、国際舞台での相次ぐ敗北は、屈辱以外のなにものでもなかった。

これが屈辱の中国近代史の一側面である。この屈辱感は先にあげた習近平のスローガンの中に反復されているのである。石川はなおも次のように続ける。

「国際連盟での挫折から二〇年がたった一九四二年一〇月上旬、アメリカ・イギリスは相次いで中国に対し、不平等条約撤廃を申し出た。第二次大戦のただ中でなされたこの申し出は、むろんこの年はじめの『連合国共同宣言』に中国が署名し、連合国の一員となったことに対する見返りの措置ではあったが、中国の喜びはことさらに大きかった。同年一〇月一〇日の建国記念日（辛亥革命勃発の記念日）の式典で、中国国民政府の指導者蒋介石は、小雨のなか集まった二万の参加者を前に、次のような演説を行っている。

アメリカ・イギリスは、我が国一〇〇年来の不平等条約を撤廃すると正式に通告してきました。一〇〇年来の革命の先烈たちの奮闘、および総理（孫文）遺嘱の命は、ともに不平等条約を撤廃することにありましたが、それが今まさに実現したのであります。（歓呼）

アヘン戦争終結にあたって締結された不平等条約（『南京条約』一八四二年）から奇しくも一〇〇年にあたる節目の年に、孫文が『遺嘱』で命じた不平等条約の撤廃がついに実現したわけだから、かれの遺命実現を最大の使命としてきた蒋介石にしてみれば、この日は生涯で最も晴れがましい瞬間であったことだろう」

これくらい、近代中国は列強から強要された「不平等条約」にこだわっていたのである。一方の日本はどうか。一八九四年（明治二七年）外務大臣陸奥宗光は日英通商航海条約において治外法権撤廃を果たし、一九一一年（明治四十四年）外務大臣小村寿太郎によって関税自主権が回復される。日本における陸奥宗光や小村寿太郎らの条約改正に尽力した苦労の一端がうかがえるではないか。

すなわち、あの中国ですら、不平等条約を撤廃させるのに、日中戦争と日本による欧米諸国との開戦という思いもよらぬ出来事によって、百年もの年月を必要としていたのである。しかし、日本は陸奥宗光らのあくまでも「外交努力」によって、わずか二十余年で植民地にならず主権を自らのものにしたのである。

歴史のもしも

ここで、少しばかり「歴史のもしも」に触れたい。

蔣介石が述べたように、近代中国はアヘン戦争以来、西欧列強との間に強制的に結ばれた不平等条約に苦しめられていた。これにとどめを刺したのが、第一次大戦で日英同盟を口実に対ドイツに宣戦布告し、欧米列強と同じように悪名高い「対中華二十一カ条」を要求する日本であった。欧米列強がそうしたように、東洋の国、日本までもが同じことをするのか、というわけで中国全土に反日大暴動が発生する。世に言われる「五・四運動」である。

この青島獲得にだれよりも反対したのが、「小日本主義」を唱える石橋湛山であった。湛山は「青島を専有せず、むしろドイツから解放したのであるから中国に返せ」と主張したのだった。その通りであるが、ここからが「歴史のもしも」である。

石橋湛山が主張したように、ドイツの植民地青島を中国に返すことはもとより、第一次大戦の戦勝国の一つとして、さらに「日英同盟」によって大国のイギリスとの信頼関係があるなら、第一次大戦の戦後処理として一九一九年に開催されたパリ講和会議の機会に欧米列強に向け、「この機会に中国との不平等条約を撤廃しようではないか」との提言、あるいは仲介をしていたなら、その後の中国と日本の関係はどうなっていたのか、と想像したいのである。

後に侵略国家日本と、中国からののしられることになるが、この時そのような決断をしていれば、西洋植民地主義から中国を解放した国日本となっていただろう。そのように決断をしていれば後にアジア解放のための「大東亜戦争」などといった名前を付ける戦争をする必要もなかったであろう。しかし、日本は中国の願いとは真逆に、青島を手中に収めると、西洋植民地主義と同じく満州を手に入れるべく動き出すのである。

「不平等条約改正」賭けた陸奥宗光が、この山東省青島を日本が獲得した第一次大戦後の処理をめぐるベルサイユ条約に日本代表として出席できていたなら中国が苦しんでいた欧米列強との不平等条約に対し、何らかの仲介が出来たのではないか、と考えるのである。しかし、そのころ陸奥宗光はすでにこの世の人ではなくなっていた。

陸奥宗光は一八九七年（明治三〇年）五十四歳で没している。運命的というか、暗示的というべきか、陸奥がなくなるこの年、中国全土において、とりわけ山東省においては、暴動が発生。これを鎮圧したドイツは膠州湾を占領する。また、朝鮮は韓国と改称し、皇帝が即位する。さらに翌九八年、ドイツは膠州湾を、ロシアは旅順と大連を、イギリスは威海衛と九龍半島を租借。また清と福建不割譲条約が結ばれ、福建は日本の権益圏となる。さらに翌一八九九年、フランスが広州湾を租借し、アメリカは遅れてはならじと対清門戸開放宣言をする。そして一九〇〇年に発生した義和団事件を制圧するため英米仏独そして日本までもが出兵し、中国は西欧帝国主義下で生きることとなる。日英同盟はその翌年にあたる一九〇二年（明治三十五年）調印されるのである。

陸奥の死と前後して、西欧列強は牙をむき、中国に襲い掛かり、不平等条約を押し付け強化するのである。であればこそ、尚のこと、このころまで陸奥が生きていればという「歴史のもしも」を考えたくなるのだ。

とは言っても、陸奥宗光は、日清戦争やそれに続く三国干渉を経験した政治家であったから、中国に対しては必ずしも好意的な考えの持ち主ではなかった。むしろ不快の念さえ抱いていたことを、大急ぎで付け加えておく必要がある。

陸奥宗光は、その遺言ともいえる著書『蹇蹇録』（一八九六年）において、次のように中国を喝破しているのである。

清国に在ては依然往古の習套を墨守し、毫も内外の形勢に応じて其旧慣を改変する所なきを以て、僅かに一衣帯水を隔てる両国にして、一は西欧的文明を代表し、他は東亜的習套を保守するの異観を呈出し来れり。嘗て我国の漢儒者は常に彼国を称して中華又は大国と云ひ、頗る自国を屈辱するを顧ず荐に彼を崇慕したるの時代もありしに、今は早、我は彼を称して頑迷愚昧の一大保守国と侮り、彼を我を視て軽佻躁進妄りに欧州文明の皮相を模擬するの一小島夷と嘲り、両者の感情氷炭相容れず何れの日にか茲に一大争論を起こさざる得ざるべく

中国と日本はその国民感情において、氷炭相容れずである以上、今後も両国は一大争論を起こすはずだ。と断言する陸奥の認識は見事としか言いようがない。中国はその存在のありようにおいて、昔も今もそしてこれからも「中国という難問」を世界に突き付けているのである。こうし

た陸奥の中国認識について川島真は『21世紀の「中華」』（中央公論社）において次のような見事な解読文を書いている。

「ここで陸奥は清と日本を対照的に描き出している。清は「東亜的習套を保守するの異観」をもち、日本から見ると「頑迷愚昧の一大保守国」に映って「侮り」の対象にさえなっているという。逆に日本は、「西欧的文明を代表」しているが、清から見ると「軽佻躁進妄りに欧州文明の皮相を模擬」しているように映り、日本を嘲っているという。ここでは、文明と野蛮、西洋と東洋、近代と伝統といった対照性の下に日本と清が描かれているが、重要なのは日中の相互認識にある齟齬であり、また認識の変化である。日本は清を「中華又は大国」だとして「崇慕」し、「自国を屈辱」視したこともあったというのに、日本側がまったく見方を変えてしまった、というのである。

このような相互認識の変容や祖語が最終的に不幸な歴史に結びついていったことは周知の通りである。もちろん、相互理解を深めようとする努力を数多くおこなわれたし、日本の中国研究、中国の日本研究それぞれも程度の差こそあれ熱心に行われた。だが、陸奥は中国の外交について、ハリー・パークスの言葉を引用し、「元来清国政府と事を商定するは、（中略）無底の釣瓶を以て井水を汲むが如く何時も其効なく」と述べている（傍線川島）。「無底の釣瓶を以て井水を汲む」、つまり底のない瓶で水を汲むくらい、意味のない、徒労だというのである。

川島が解説するように、中国との交渉は何をやっても徒労に帰するという感慨は民間であれ政府であれ、中国と係わったた経験を持つもの全てに共通するタメ息に違いない。近代日本の最高レベルの思想家である福沢諭吉の中国とは訣別せよと断じた「脱亜論」も同じような中国認識から書かれたものであろう。しかし陸奥宗光と他の人々のつくタメ息の違いは、陸奥は中国を深く理解したうえでのタメ息であった。

すなわち陸奥のタメ息は「敵を知り己を知れば百戦危うからず」という信念を持ち合わせていたと思われる。この陸奥宗光や福沢諭吉をして難しいと言わしめた中国外交。これを独特の方法で実行しているのが、二階俊博なのである。

岡崎邦輔をめぐって

そのような陸奥宗光が頼みの綱としたのが、十歳下の岡崎邦輔という紀州藩士であった。この岡崎の母親は陸奥宗光の母親と姉妹であったから、陸奥宗光と岡崎邦輔は従兄弟ということになる。そしてこの岡崎邦輔の孫が、当代切っての外交史論家、岡崎久彦である。ということは、陸奥宗光と岡崎久彦とは同じ血脈の人間ということになる。陸奥については、この岡崎久彦も一冊の本を書いているが、岡崎邦輔がいかなる人間であるかを知る人は、今日では多くないと思われるので百科事典から経歴を引いておく。

岡崎邦輔

生年月日　一八五四（嘉永七年）三月十五日
没年月日　一九三六（昭和十一年）七月二二日
所属政党　自由党、憲政党、立憲政友会
第二代　農林大臣
　内閣　加藤高明内閣
　在任期間　一九二五（大正十四）年四月一七日〜同 八月二日

嘉永七年（一八五四年）三月十五日（紀州藩士・長坂学弥《がくや》）の子として生まれる。孫の岡崎久彦によれば、長坂家は大坂夏の陣後の元和年間に徳川頼宣に従って紀州入りした。また、邦輔の母親は陸奥宗光の母親と姉妹で、陸奥宗光と岡崎邦輔は従兄弟の関係にある。

慶應四年（一八六八）年、数え年で十六歳のとき、鳥羽・伏見の戦いで初陣。維新後の一八七三年（明治六年）に従兄弟の陸奥を頼り上京。一八八八年（明治二一年）、駐米特命全権公使となった陸奥に従い渡米する。アメリカで岡崎はミシガン大学で学び、この時期に南方熊楠と出会っている。一八九〇年（明治二三年）に帰朝し、翌一八九一年（明治二四年）、陸奥の議員辞職にともなう第一回衆議院議員総選挙補欠選挙で衆議院議員に当選する。このとき、当時の制限選挙で被選挙権を得るため、当時の紀州の素封家、岡崎家へ名目の上だけで養子となって姓を改めた。以後当選回数十回。一八九七年（明治三十年）、自由党に入党する。陸奥宗光の没後は、自身と同じく陸奥の引き立てを受けた星亨に接近し、星の懐刀として隈板内閣倒閣、立憲政友会結成などに活躍する。一九〇〇年（明治三十三年）、第四次伊藤内閣の逓信大臣となった星亨のもとで逓信大臣官房長を務めたが、翌一九〇一年（明治三十四年）に星は刺殺されてしまう。

一九一二年（大正元年）、立憲国民党の犬養毅、政友会の尾崎行雄らとともに第三次桂内閣の倒閣に動き、憲政擁護運動を展開する。一九一五年（大正四年）、政友会総務委員に就任する。西園寺公望の政友会総裁辞任後は、自身と同じく陸奥宗光の引き立てを受けた原敬を支え、一九一八年（大正七年）に原内閣が誕生した。

一九二一年（大正一〇年）、原が東京駅で遭難後は政友会刷新派を支持し、第二次護憲運動で活躍し清浦内閣倒閣と、憲政会総裁・加藤高明を首班とする護憲三派内閣成立に動いた。一九二五年（大正一四年）、加藤高明内閣の農林大臣として入閣する。一九二八年（昭和三年）、貴族院議員に勅選される。

実業家としては、渋沢栄一らとともに京阪電気鉄道の創立に加わり、発足後は役員を務め、一九一七年（大正六年）に第三代社長となった。岡崎は自らの政界の人脈を利用する形で京阪の事業拡大を図り、社長在任中に新京阪鉄道の免許獲得と設立、自らの故郷である和歌山県への進出などを手がけている。農林大臣への就任に伴い一九二五年に社長を辞任した。また京阪電気鉄道が設立に参加した電力会社の大同電力（初代社長福澤桃介）にもかかわり、一九一九年（大正八年）十一月から一九二五年三月まで同社取締役を務めた。
一九三六年（昭和一一年）七月二十二日、死去。八十二歳。

これを読むと政治家としては、いささか不運であるが、興味を引くのは何と多くの政党を渡り歩いたのかということである。今日であれば、政界渡り鳥とでも言われそうな人物ではないか。それもそのはずで、岡崎邦輔に限らず、この時代の政治家は、政党政治を作るため、多くの政党を作り、解党し、また新しく作るを繰り返していたのである。これに似た時代が一九九〇年代に起こった「政治改革法案」成立前後の日本政治である。実に多くの新政党が誕生している。これは政党助成金制度が確立したがゆえに、五人以上の政治家が集まれば新党として認められることになったからである。そのころ流行していた川柳がある。「今日はオレどの党かと秘書に聞く」この川柳にあるように、新党・新党に政界は明け暮れていた。二階もその激流の中にあり、多くの政党を渡り歩く。話しを岡崎邦輔に戻すと、彼には実業家としての顔も伺える。

後に触れるが二階俊博の父親も県会議員という政治家でありながら、多くの事業を経営している。もっとも、明治から大正、昭和にかけては、政治と実業の二股をかける政治家は多くいるのではあるが。そういえば、和歌山県出身の経営の神様と名付けられた松下幸之助も経営だけでなく政治に強い関心を示し、晩年は松下政経塾という政治家養成所を創っている。これは和歌山県人のかくされた特性なのかもしれない。

なぜこの岡崎邦輔に触れたかといえば、二階俊博は、同じ紀州出身の岡崎久彦から、岡崎家の墓守を引き受けていたからだ。

ある時、岡崎は二階に「岡崎家を継ぐものは故郷にはすでにいないので、墓を東京に移したい」と言った。そこで二階は「岡崎家は郷土の偉人陸奥宗光の血を継いでいる人間だ。そういう人物の墓は郷土の人間が守る」と答え、和歌山県内の知人に話をつけ、墓守役をすることになった。岡崎はこのことを重く受けとめたようで、岡崎家の墓はいまも郷里で守られている。すなわち、陸奥宗光、岡崎邦輔、岡崎久彦と続く血脈の墓守、そこに「二階俊博という運命」の糸が垣間見られるのである。そして、その運命とは、陸奥宗光によって大きく切り開かれた外交術はその血を継ぐ岡崎久彦によって「戦略論」または「外交史論」に結実し、その墓守である二階俊博によって、「芸としての外交」となって立ち現れるのである。

それにしても、なぜ岡崎は二階俊博と、後に触れるが、秘かに付き合っていたのだろうか。世評から言って、二階俊博が、外交や防衛問題に詳しい政治家だとは思われていない。なにしろ岡崎久彦は「反米はとけて流れる春の雪」という一句（？）をうそぶくくらい超がつくほどの親米反中の外交論を展開していた。

そして、これも後に触れるが、政界切っての融通無碍であった金丸信とも、岡崎久彦は深く人知れず付き合っていた。

その理由は祖父岡崎邦輔が、作家海音寺潮五郎がその著作『武将列伝』で、

「東方の策士は、策そのものを楽しんで、利得の念には淡い人が多い。大正年代の政界の策士岡崎邦輔の生涯がそうであった。現代でも晩年の三木武吉がそうであった」

と述べているが、祖父邦輔は三木武吉に似ているとすれば、岡崎久彦にとって、金丸信や二階俊博をあるいは祖父岡崎邦輔と同類の策士と見ていたのではないのか、と思われるのである。

論理を追求する岡崎久彦が、他方では、それとは真逆に思われる金丸信や二階俊博に親しみを覚えるのは、血のなせる業だと言わざるを得ないのかもしれない。

二階俊博について書き進める道中、陸奥宗光や岡崎久彦、そして中国の外交や、中国が苦しんだ「不平等条約」についてまで言及することに「なぜ」という疑問が湧くかもしれない。これらに言及した意味は、日本が巨大な経済力と軍事力を持ち始めた中国との付き合い方を誤れば、重大な問題を引き起こすことになり、それなら、中国とどのような付き合い方が可能なのかという問いがなされる。その答えとして、二階俊博の「外交芸」こそ対中国外交において最も有効性を持つと考えるからである。

日中は十五戦争を経て、一九七二年九月国交正常化を果した。二〇一七年は正常化四十五年という節目の年となる。しかし、日中関係は改善どころか、極めて悪化している。中国においては国交正常化は無効であるという激しい意見まで出ている。改革開放政策を取った結果、超大国アメリカにせまるまでの経済大国となり「太平洋はアメリカと中国で二分するほど大きい」と言い出し、世界へゲモニー（覇権）の半分を握るという意思を示すまでになっている。

そうした中国とは、従来のような外交論や戦略論あるいは交際方法ではなく、米中の間にあって、いかにも日本らしいやり方で日中交際の方法を探し出さねばならないのだ。その方法の一つとして、二階が独自に実行してきた、対中国外交芸を論じたいのである。

「世界津波の日」に向けて

さらにもうひとつ、道路族あるいは公共事業界のドンといわれる二階俊博について言及するとき、急いで付け加えるべき人物がいる。

先にあげたヤマサ醤油の創業者濱口梧陵である。二〇一五年十二月。国連において十一月五日は「世界津波の日」として承認された。

いまから一六〇年も前、安政の大地震が発生し、紀伊半島の一帯が大津波に襲われる。この時、逃げ惑う村人たちを救うため、濱口は高台に刈り入れ、脱穀前の稲の束に火を放ち、次々と稲の束を燃やす。この稲の炎を目印に、村人たちは、高台に避難する。歴史上名高い、いわゆる「稲むらの火」である。

濱口のとっさの判断で、多くの村人が救われる。このエピソードは多くの書物に紹介され、教科書にも出てくる。これは、日本だけの話ではなく、あのラフカディオ・ハーン（小泉八雲）が明治三〇年（一八九七年）『仏陀の畑の落穂拾い』という作品に「生ける神」（リビング・ゴッド）という短編を書いているが、この「生ける神」こそ濱口梧陵であった。世界史では、大津波がしばしば発生している。近年では二〇一〇年九月の「チリ地震大津波」、二〇〇四年十二月の「インドネシアの大津波」そして、日本においても平成二十三年三月十一日のいわゆる「東日本大震災」と大津波が思い浮かぶ。

世界が津波被害の重要性に気づき、国連においても「世界津波の日」が制定された。だがその日が「チリ大津波の日」「インドネシア大津波の日」ではなく、なぜ世界的にも人の知ることの少ない一五〇年も前の紀州和歌山に発生した「稲むらの火」の日なのか。これを国連に提起したのが二階俊博であった。

二階はその理由を次のように述べている。

「大津波が発生すれば、多くの被害者と多くの物的な災難におそわれる。重要なことは津波被害の大きさを記憶することではない。津波が発生したとき、どれくらい被害を減少させることができるのか。この教訓を学ぶのに濱口梧陵が実行したことこそ世界は忘れるべきではない」

卓見だと言わざるを得ない。これが国連で決まるまでの二階俊博の行動を詳しく述べる。このいわゆる「稲むらの火」の舞台である有田郡広川町を含む和歌山県第三区は二階の選挙区である。

平成二十二年九月チリに大地震が発生し、太平洋を越えて、日本にも津波が襲来するという予報が出された。

津波の到達予測時間が、和歌山県沿岸部では午後二時三十分以降だった。そのときたまたま地元にいた二階は、新宮市から、有田川町、田辺市などを急いで回った。濱口梧陵を尊敬する二階のとっさの行動である。以下は二階の証言を大下英治氏の著作『津波救国』(講談社)から、このときの二階の行動を再現する。引用が長くなるのは、二階俊博はいくつもの案件を抱えながら、毎日行動しているその例の一つとしてこれをドキュメンタリー的に再現したいからである。これと決めたら休まず二階は動くのだ。

宣伝カーで各地を回りながら、到達予想時間の前に避難することを呼びかけた。昼過ぎには、和歌山県中南部の中心都市である田辺市のスーパーマーケットの駐車場で演説。駐車場には、買い物を終えた客たちが二階の演説を聞こうと集まっていた。

二階は、聴衆を前に語った。

「今から、少しだけ演説をします。でも、みなさんが知っていると思いますが、昨日、チリで大地震があった。このあと、津波が日本にも押し寄せてくることが予測されています。だから、今日のこの演説は、みなさんが家に帰って、自宅から避難するだけの時間を残して終わろうと思います。みなさんも、しっかり避難してください」

二階は、演説を終えたのちに、聴衆が避難してくれることを切に願っていた。

ところが、演説が終わったあと、聴衆はすぐに帰宅しようとはしない。ほとんどの人が津波に対して危機感を持って行動していなかったのである。

二階は、このとき切実に思った。

「これでは、もし本当に大きな津波が来た時は、大変なことになる。法律をつくって、本格的に国民に避難と、その訓練を呼びかけなければいけない」

実際には、このチリ地震の影響により押し寄せた津波の規模は、予想よりも小さく、被害も少なかった。だが、日本全土で、津波を警戒し避難した人が少なかったことは後に問題になった。

全国では、太平洋沿岸地域の百六十八万人に対して、避難指示や避難勧告が出された。が、実際に避難した人は、わずか三・八％の約六万四千人に過ぎなかったのである。

二階の地元の和歌山県では、十五市町で県人口の約一割にあたる十万人に対して、避難指示や避難勧告が出されたが、避難者数は四百四十三人と対象の〇・四%強で全国平均を大きく下回る数字だった。濱口梧陵の「稲むらの火」として知られる故郷の和歌山県民にしてすら、このありさまか……。と二階は愕然としたという。

また、避難指示と避難勧告のどちらも発令しなかった沿岸部の自治体もあった。のど元を過ぎれば熱さを忘れるのたとえ通りのことが日本に起こっていた。

二階は、このとき以降、天災は忘れたころやって来る、という言葉を意識しながら津波対策を推進する法律の必要性を強く実感し、法制化のために積極的に動いていくのである。このころわたしは二階と多く会う機会があったが、会うたびに津波対策の法律を作らないといけないと語っていた。政治家は議員立法を作ることが最大の仕事であると師である遠藤三郎から徹底的に教え込まれたからだ。大下の文章に戻る。

平成二十二年六月十一日、国会に津波対策の推進に関する法律案が議員立法として提出された。提案者は、自民党の二階俊博、林幹雄、石田真敏、小野寺五典、谷公一、長島忠美、それに公明党の石田祝稔の七名だった。また、この法律案には、自民党や公明党に所属する五十九名の衆議院議員が賛同者として名を連ねた。

法案の第一条には、この法律の目的を明記した。

『この法律は、津波による被害から国民の生命、身体及び財産を保護するために津波対策を推進するに当たっての基本的認識を明らかにするとともに、津波の観測体制の強化及び調査研究の推進、津波に関する防災上必要な教育及び訓練の実施、津波対策のために必要な施設のその他の津波対策を推進するために必要な事項を定めることにより、津波対策を総合的かつ効果的に推進し、もって社会秩序の維持と公共の福祉の確保に資することを目的とする。』

だが、この法案は、当時発足したばかりの菅直人内閣には相手にされず、一度も審議されることはなかった。

ところが、天災は忘れたころどころか忘れていなくてもやってくる。平成二十三年三月十一日午後二時四十六分—東北地方太平洋沖地震（東日本大震災）が発生した。この地震は、日本の観測史上において、過去最大のマグニチュード九・〇を記録する未曽有の大地震であった。震源域は、岩手県沖から茨木県沖までの南北約五〇〇キロメートルの広範囲におよぶものであった。

地震により発生した大津波によって、東北地方の太平洋沿岸部は、壊滅的な被害を受ける。また、地震の揺れや液状化現象、地盤沈下、ダムの決壊などが起こり、北海道・東北・関東の広大な範囲で被害が発生し、電気、水道、ガスなどの各種のライフラインも寸断された。

地震と津波による被害によって、東京電力の福島第一原子力発電所では、全電源を喪失した。原子炉を冷却できなくなり、大量の放射性物質の放出を伴う深刻な事故が発生した。この事故によって、周辺一帯の住人は、今も長期の避難を強いられている。

この地震では、津波による被害が甚大なものだった。一万六千人近くもの人が、この大地震によって命を失った。死因の九割以上が、水死であった。

二階俊博は、悲惨な被災地の状況に胸を痛めた。また、それと同時に痛感した。（自分たちが提案した津波対策法案が成立していれば、もっと多くの人が避難することができたかもしれなかった。残念でならない……）

この大地震の前年の平成二十二年六月に二階らが中心となって提案した津波対策法案では、「津波防災の日」が定められていた。その日は、『稲むらの火』の故事にちなみ、十一月五日であった。

もし、あのときすぐに国会で審議し、与野党で合意できていたら、十一月五日以前に成立していたかもしれなかったのだ。すなわち成立していれば大震災が起こる四ヵ月前の十一月五日に全国的な避難訓練を実施することができたのである。

大地震から身を守るためには、現在は、高台避難以外に確実な方法はない。あらかじめ訓練していれば、より多くの人が迅速に避難し、その命が救われたかもしれなかったはずだ。

アイディアマン二階俊博

大下が述べているように二階は、この法案を成立させられなかったことを悔やんだ。と同時に、なんとしてもこの法案を成立させなければいけないという強い使命感を抱いたという。二階とはこのころしばしば会っていたので、会えば無念さをいつも語るのであった。しかし大地震・大津波が発生し、その余りの被害の大きさに民主党政府も民間人も、なすすべもなく立ちすくんでいる中、野党に属している二階俊博はただちに行動する。国交省、通産省に人脈を持つ二階は被災地に通じる可能な限りの道路を捜せと指示する。これは一時間でも早く、寒さにふるえる被災地に燃料やガソリンを届ける必要があったからだ。これを受け、国交省の道路局は遠回りであっても、いくつかの通行可能道路地図を作成するのである。加えて大島理森らとの話し合いで、思わぬアイディアが浮上する。それは棺桶を用意することであった。

多くの死者が出る事は間違いない。しかも大津波によって死んだとなれば、泥だらけの遺体だろうし、人間の原型をとどめていない遺体も数限りないはずだ。そのような遺体を家族に見せることはできない。せめて遺族が対面するときくらい立派な棺桶に安置させた遺体であって欲しい。というわけで二階俊博は経産省に連絡し、棺桶業者に大急ぎで棺桶の在庫を調べさせるのである。

棺桶業界は経産省の管轄下にある。その返事は、万単位の棺桶は在庫がない。安く簡単なものなら、ある程度は揃うというものだったが、二階は粗末なものでは駄目だ。立派な棺桶を捜せ。とまで言い切る。業界にしてみれば、日本全土で一日平均何人死ぬかのデータがあるわけで、この業界は在庫を抱える必要が無いくらい売り上げの予測が立つから、生産数は自ずとはじき出されるわけだ。二階が注文を付けたような数が揃ったかどうかは分からないが、わたしはこの話を二階から聞いた時、こういう人間が真の政治家だと思い知らされたものだ。

こうした危機の時、人の思いせぬアイディアが浮かび、浮かんだことを実行する。二階俊博は「全身政治家」であると、本書のサブタイトルとする所以でもある。

なぜ二階に限っては、そんなアイディアが浮かんだのかと言えば、二階は若くしてつかえていた遠藤三郎が台風で伊豆半島の狩野川が大氾濫を起こし、大変な被害が発生した時、大臣自らヘリコプターに乗り込み、上空から被害状況を視察し、テキパキと指示を出す。その姿を目撃していたのである。政治家とはそのように行動するものなのかと、二階は若くして学んでいたのである。その学習成果は平成十二年三月北海道の有珠山が大爆発を起こしたとき、「自・公・保」連立政権時代保守党に所属していた二階は運輸大臣であった。二階は師遠藤三郎がそうしたようにヘリコプターに乗り込んで火山が爆発している上空から視察する。これには同行した運輸省の役人も驚くことになる。その噴火中の火山にヘリコプターで接近するなんて危険極まりない。二階は、このヘリコプター視察をパフォーマンスとして実行したわけではない。現場の現実が知りたかったからだ。ヘリコプターを降り避難命令が出ている避難所の体育館に向かうと、寒さで震えている避難民が多くいた。こんな冷たい体育館の床板に寝かせるわけにはいかないと考えた二階は「畳を用意せよ。何百畳、何千畳でもいい。入手できる畳をすぐにさがせ」と指示する。二階にしてみれば、いつ我が家に戻れるか分からない避難者たちをせめて我が家と同じ畳の上で眠れるのであれば、少しは気持ちが安らぐではないか、と考えての指示であった。こういう着想は大津波が発生した時、棺桶を多く用意せよ。と指示した政治的運動神経と同類といえる。

東西南北、日本いや世界において、こうしたことが発生すると二階の運動神経はすさまじい瞬発力を発揮する。

これに準じた話をもう一つ紹介する。

二〇〇八年五月十二日、中国の四川省で記録的大地震が発生する。この時、救助隊として現地に出向いた日本の隊員たちが、探し出した瓦礫の下の遺体に、敬礼する姿が、中国全土にテレビを通して流れ、中国人に深い感動を与えた。あの大地震である。

二階俊博は直ちに行動を開始する。飛行機をチャーターし、多くの救援物資を積み込み、二階グループの政治家をも同行させ、現地に向かう。わたしがここで紹介したいことは、その後に二階がとった判断である。四川省省政府は日本からわざわざ有力政治家自ら救援物資を届けに来てくれた。そのお礼と感謝の意を表すために接待宴をしたいとの申し入れがあった。しかし二階は今はそんな時ではない。一刻を争って怪我人の治療、生存者の確認などやるべきことが山積しているはずだ。そのようなとき、四川省の指導者たちも忙しいはずで、自分たちに対するお礼の宴はやる必要はない。そう考えて、物資を届けるとすぐに日本に引き返したのである。日帰りでの強行軍であった。これに同行した二階グループの政治家A氏はわたしに、

「自分たちは、被害地視察に来たのではない。被災者を助けるために来たのだ。自分たちが一日でも残れば、自分たちを接待するために、省政府に無駄なことをさせることになると二階先生は考えたからだと思う。自分は改めて二階グループに属していることを誇りに思いました」

と語っている。

こうした災害が発生した時、「何をすべきか」を考える前に行動に出る二階俊博のやり方が、

各地各国で、災害対策の二階俊博という「伝説」を生んでいるのである。大下英治の文章に戻る。

震災後、二階をはじめとする法案に関わった主要メンバーは、与党であった民主党の幹部を訪ね、法案の審議入りを強く要請し続けた。

「津波対策には、与野党関係ありません。民主党からも修正案があれば、どんどん提案していただきたい。超党派で、取り組みましょう」

二階たちの必死の熱意に動かされ、与党の民主党もじょじょにその重い腰を上げて動き始めた。

四月二十一日、二階たちは中曽根康文衆議院議員が座長を務める民主党の「つなみ対策ワーキングチーム」が国会内で開いた初会合に呼ばれ、席上、津波対策推進法案についての協力を要請した。

四月二十一日、二階たちは、国会内で民主党の安住淳国対委員長と会談した。

二階たちは、安住に対して、津波対策推進法案の早期成立に向けて協力を求めた。

大震災で自身の選挙区である宮城県石巻市や女川町が壊滅的な被害を受けた安住は、法案の修正協議など前向きに応じる考えを示してくれた。

「津波に対する基本法を作るのは、方法としてあっていい」

五月十九日、民主党は、東日本大震災を教訓に、津波に関する避難訓練や知識の普及を図るために、東日本大震災の起こった三月十一日を「津波防災の日」とすることなどを柱とする津波対策推進法案をまとめた。

この民主党のまとめた法案も、定める「津波防災の日」こそ「十一月五日」ではないものの、二階たちが平成二十二年六月に提出した法案をベースにして作成されたものだった。

民主党案は、津波対策に配慮したまちづくりの推進や観測体制の強化などを目指した二階たちの案に、地方自治体に津波の際の避難場所や経路を定めた津波避難計画の作成や公表を求めることなどを追加した内容だった。

こうして、二階たちの働きかけもあり、衆議院災害対策特別委員会で修正協議を進め、法案の成立が本格化していった。

平成二十三年六月九日、二階は、津波対策推進法案を審議する衆議院災害対策特別委員会の総括討論で語った。

「残念なことに、法案はその後、一度も審議されることなく、日時は無為に過ぎ去りました。その間に、この三月十一日、東北大震災が発生し、津波に伴い多くの人命や財産を失い、被災地は壊滅的な惨状と化しました。われわれの提案した法案が成立しておれば、多くの人命を救い、被害を未然に軽減できたのではないかと思うと、まさに法案成立のおくれは痛恨のきわみであり、まことに残念でなりません」

平成二十三年六月十日、津波から国民の生命や財産を守り、被害を防止、軽減するために観測体制の強化などを盛り込んだ津波対策推進法案が衆議院本会議で全会一致で可決された。

法案では、東日本大震災の被害を踏まえて「これまでの津波対策が必ずしも十分でなかったことを国として反省し、対策に万全を期する必要がある」と指摘し、津波対策はソフト、ハード両面から総合的に進めなければならないとしている。

ソフト面では、国が観測体制の強化や津波の記録収集など調査研究を推進。自治体は避難計画の策定・公表や被害予測などに努める。国と自治体は津波の警報や避難指示を的確に伝え、住民が迅速に避難できる体制を整備する。

ハード面では、国と自治体は最新の知見に基づく津波対策の施設整備、石油コンビナートなど危険物を扱う施設の安全確保に取り組む。自治体は土地の利用制限などにより津波に考慮した街づくりを進める。

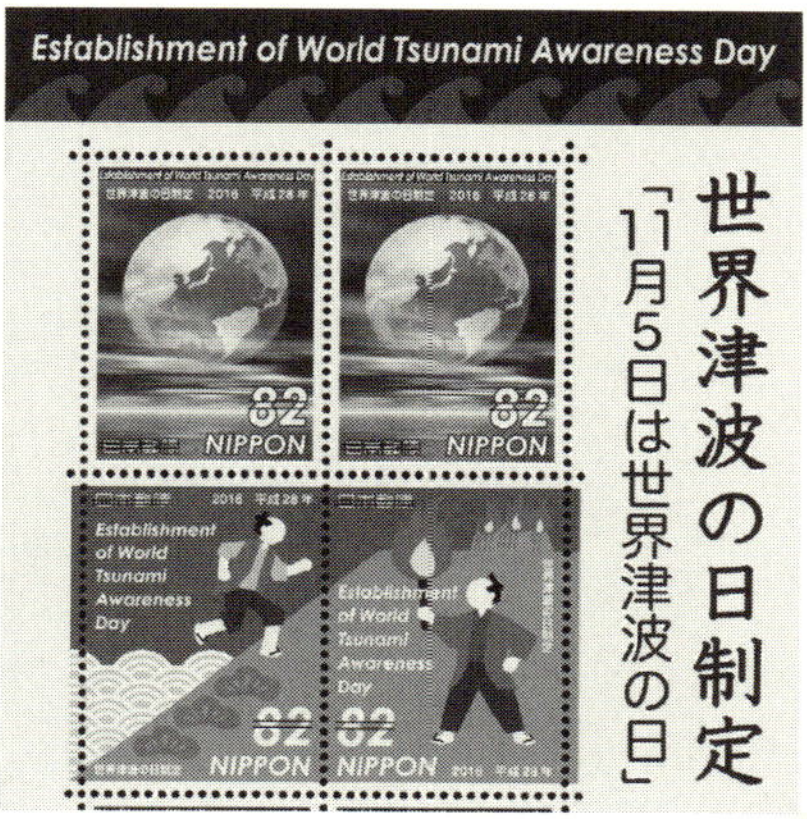

世界津波の日　記念切手

結局「津波防災の日」は、民主党の主張する今回の大震災の三月十一日ではなく、二階らが最初に提案した「稲むらの火」にちなんだ十一月五日に定められた。

大下が紹介するようにここに二階らの無念は一応晴らされたことになるのだが、これだけで終わらないところに二階俊博という政治家の本質がある。二階はこの日を「世界津波防災の日」にすべく動き出すのだ。二階は国連がその日を「津波の日」と認定するよう外務省に指示を出すのである。

それだけではなく、二階は派閥に属する政治家に手分けして、在京の一〇〇を超す大使館を訪問させ、各国が「稲むらの火」を世界津波の日と認定するよう働きかけるのであった。

外務省内では、まさかと思ったというが、二階の強い要請が功を奏して先に述べたが二〇一五年十二月の国連総会において濱口梧陵の「稲むらの火」にちなんで十一月五日を「世界津波の日」が決議されたのであった。

二階俊博がその日にニューヨークの国連本部にいたことは言うまでもない。そして二〇一六年七月下旬、ペルーの新大統領就任式に出席した後、二階はチリで開催された津波フォーラムにも出席し、スピーチを行っている。地震と津波の大国チリで、津波防災について語る日が来ることは予想もできないことではあったが、二階にしてみれば遅すぎるということかと思われる。

そして二〇一六年十一月三日、インドのニューデリーで同じように「津波フォーラム」が開催され、提唱者の二階はそこでもスピーチをしている。インドも、二〇〇四年十二月のインドネシア大地震とこれに伴って発生した大津波において、インド洋側の海岸が襲われ、十万人を超す犠牲者を出していた。そのような理由もあってインドでは濱口梧陵の「稲むらの火」がヒンディー語の紙芝居になって、子供たちに教育されるまでとなっている。

二〇一六年十二月二四日、二階俊博はインドネシアのバンダ・アチェに向かう予定を立てていた。これは二〇〇四十二月二六日に発生したインドネシア大地震と津波が発生したその日を記念する式典に出席するためである。しかし、この二週間前に同じ場所で大地震が発生したことにより、キャンセルするのであった。地震がらみのフォーラムがあれば、国内だけでなく、海外からも招待状が届く二階俊博になってしまったのである。

ところでこの二〇〇四年の七月、第五章で述べるが二階俊博は古賀誠、泉信也、以下二十名の政治家や経済人を引率し、初めてのインド訪問をしていた。わたしはそのときインドに滞在中であり一週間近く、二階らと行動を共にした。

その時の二階俊博の行動を見て、改めて、政治家とはどういう人間なのか、を知ることになった。二階たちは、インドを後にし、ミャンマーに向かう。わたしは一人残るのだが、同年十二月二六日のインド洋岸を襲った大津波をわたしはチェンナイの海岸で遭遇することになる。個人的な話だが、二階と本格的に付き合い始めるのが、このインド訪問がきっかけであったことを考えるとわたしも二階俊博という運命に巻き込まれていたことになる。

話は前後するがインドから帰国した日が「世界津波の日」ということもあって、和歌山県全県で大きな演習が行われた。前に触れた前回チリ大津波のときの訓練では参加者が極めて少なかったが、「稲むらの火」が国連において認められたこともあって五十万人近い県民が、防災訓練に参加している。二階は和歌山県が生んだ濱口梧陵の貢績を、現代に甦らせたのである。

かくして二階俊博の名は「世界津波の日」と共に世界各地に伝わり始めているのである。対中国との交際と言う難問。そして自然災害からいかに国土と人命を守るという「国土強靭化」。この内外の最重要課題を二階俊博は、彼を生んだ和歌山県の歴史と人物から、政治家として仕事をするよう運命づけられていたのである。このような運命の糸を知り本章を「二階俊博という運命」とした。

第二章　二階俊博という「風土」

本書で論じている二階俊博とはいかなる政治家なのか。第三章で二階の政治キャリアを年譜的に追うが、その前に、作家が処女作に向けて成熟して行くと言われるように、政治家もまた、彼が政治とは何か、政治家は何を為すべきなのかと考えたその始まりに向けて進化あるいは成熟するものであるゆえに、まずは家庭環境と生まれた風土そして、少年期に遭遇する人間関係について本章では述べてみたい。

哲学者ニーチェに「運命は性格の中に宿っている」という言葉がある。これは自分の未来がどのようなものとなるのかを知りたければ、それは自分の性格を分析してみることだ。平たく言えばこんな意味であろうか。

ではその運命（未来）を決定する「性格」とはいかにして形成されるのか。両親の遺伝子がそれだという考え方もあろうが、それも含め家庭環境、周囲の人間関係、風土と歴史、そうした諸々の要素が複合的に作用し、人の性格（運命）を作り出すと言えるはずだ。おそらく、遅くても二〇代前後、早ければ十代には、人の性格は決定的なものとなるであろう。四十代、五十代になって、彼の性格が一変する事は我が身を振り返ってもほぼあり得ないのだ。

わたしたちは、自分の性格を生きるしか、他の選択肢は無いのである。重要なことは、何が自分の性格形成の要因なのか、を理解する事だろう。

では、「運命は性格の中に宿っている」とするなら、二階の性格形成の要因（すなわち、家族、幼少期の人間関係、そして生まれた土地の歴史、風土）はどのようなものなのか。さらに付け加えれば、誰と出会ったことで彼の運命の方向性が確立したのか。その性格（運命）が今日政治家となっている二階俊博の「運命」と、どのようにして結びついているのか。まず二階俊博の生まれた「風土」を考えてみよう。

二階俊博は紀州和歌山県の生れである。以下、『和歌山県の歴史』（山川出版社）から和歌山県の地形・地勢の部分を引用する。

和歌山県は紀伊半島の西半分を占め、東経一三五〜一三六度のあいだにほぼおさまるので、日本列島の中央に位置する。また、南端の潮岬は北緯三三度二六分で、本州の最南端にあたる。

和歌山県の総面積は四七二六平方キロである。このうち山地が三八三二平方キロで、総面積の約八一％を占め、ほとんど山国だといってもよい。これは、紀ノ川が西流する中央構造線をはさんで、その北側の内帯に属する和泉山脈の南斜面をのぞき、大部分が外帯に属する紀伊山地におおわれているからである。すなわち、紀伊山地の中央を大峰山脈とならんで南北走し、奈良県との境界をなす紀和山脈が、陣ケ峰（一一〇六メートル）から護摩壇山（一三七二メートル）・安堵山

（一一八四メートル）を経て果無山脈に続き、それから分かれて西走する竜門・長峰・白馬・虎ケ峰などの諸山脈が北から南に並行し、さらにその南に大塔山（一一二二メートル）を中心とする山塊が半島の南端近くまでせまっている。

このように、和歌山県は紀伊半島の西斜面を占め、河川は諸山脈に規制されて、紀ノ川に並行して貴志川・有田川・日高川・富田川など西流する（紀ノ川支流の貴志川のみは途中から北流する）が、南部ではしだいに南に方向をかえ、日置川は南西に流れ、古座川・太田川・熊野川はほぼ南流する。紀伊山地は全体として壮年期の山容を示すため、平野はとぼしく、紀ノ川流域をのぞくと流域平野を欠き、河口平野も紀ノ川河口部（和歌山平野）のほかは、日高川河口部（日高平野）にみられるだけである。そのため、可住地は九八五平方キロで、総面積に占める割合は約二〇・八%にすぎない。ちなみに、総面積は全国で三〇位、近畿圏でも上位を占めるが、可住地の面積は全国四一位で、総面積に占める割合は近畿圏の最低である。

行政区間としての和歌山県は、明治維新政府が定めた和歌山県藩所轄地を引きついで成立した。和歌山藩の呼称は城下町和歌山に由来するが、その名は天正十三（一五八五）年の羽柴秀吉による紀州平定直後に初見する。

やや堅苦しい紹介になったが、二階の生まれた和歌山県は、いかに山が多くそのせいで可住地も全国で下位に属し、いわゆる農業には向いていない地勢が良くわかる。そして次の文章が重要なのだが、和歌山県が歴史的に多くの自然災害に遭遇していることだ。これは政治家二階俊博が、後にインフラ作りの政治家と名付けられることに深く係わっているであろう。人間は生まれ故郷の原風景から逃れることはできないからだ。同書は次のように続ける。

また和歌山県は災害の多い地域としても知られている。今でも語り継がれているのは、明治二十二（一八八九）年八月と昭和二十八（一九五三）年の大水害である。前者は台風によるもので、被害は県下全域におよんだが、家屋の倒壊・流失や死者は、東西牟婁郡と日高郡にとくに多い。この大水害で、熊野川中州の大斎原にあった熊野本宮大社の社殿が倒壊・流失し、現在地に移転した。また、奈良県十津川村が壊滅的打撃をうけ、北海道に集団移住したのもこの大水害であった。後者の七・一八水害は、梅雨末期の集中豪雨によるもので、有田川・日高川・貴志川で大洪水となり、有田郡と日高郡の被害がとくに大きい。昭和二十、三十年代は台風の常襲地帯であり、また南海地震による津波の被害も周期的に起こっており、かつては災害県ともよばれた。

和歌山県の地位を考えるうえで、しばしば話題になるのは、一人当たりの県民所得の低さである。全国で四一位、近畿圏でも最低である。この数値は、大企業がほとんどないという産業構造に規定される面があり、本当に貧乏県なのかという疑念もわく。そこで、一人当たりの個人預貯金残高をみてみると、全国第四位という高位にある。これは、家々の造りなどをみた印象とも合致するもので、個々人は結構裕福なのではなかろうか。

統計数字は細かい点で修正する必要があるかも知れないが、大筋は変わっていないはずだ。いずれにしても地形上のハンディが余りに大きいので、和歌山県は、太平洋に突き出た半島でありながら陸の孤島的な宿命があるといえる。農業（稲作）という基本的産業に不向きな土地のせいなのか。明治期から終戦をはさみ、戦後となっても、和歌山県人は多く海外移民している。

わたしは一九六〇年代の中期より五年近くカリフォルニア州の農地で移民労働者として働いた経験がある。カリフォルニアには全国からの移民が多かったが、とりわけ和歌山県人会は、広島県、山口県を合わせ、移民による県人会の御三家といわれていた。

県の中央部に位置する日高郡美浜町には「アメリカ村」という移民をして財を得た和歌山県人が、その財を持ち帰り作った村がある。これは一八八八（明治二十一）年、工野儀兵衛という村人たちがカナダのバンクーバーに渡り、サケ漁業に従事し成功する。その噂が近隣の町村に伝わり明治から大正にかけ三〇〇〇人くらいの漁師家族がカナダに渡る。

そこで儲けたお金を持って帰国するものが多く現れ、成功の証にカナダやアメリカ風の家を建てる。するとどういうわけか、かつて生活したカナダ、アメリカが懐かしいのかカナダやアメリカ風のレストランやカフェが出来る。それどころか帰国した村人たちは時に英語を交えて、「ユー、ハウマッチ・メイク・マネーしたのか」といったような会話が始まっていたらしい。そんな風景がカナダに渡った人々の生活圏なのにいつの間にやら「アメリカ村」と呼ばれるのである。「カナダ村」というより、「アメリカ村」の方が格好良く思われたのではないのかと想像できる。

もう少し和歌山県人会について触れる。これも二階俊博とは浅からぬ縁があるからだ。

和歌山県人会で最も有名な人物は故フレッド・和田である。フレッド・和田は、両親が二階俊博と同じ和歌山県御坊市の出身で、アメリカ生まれのフレッドは五歳の時に、両親の故郷であるその御坊市に日本語を学ぶため送られた。これはアメリカで財を成した後、日本に戻ることを考えていた移民の多くが実行していたことで、いわゆる「帰米二世」と命名される人間のことである。

フレッド・和田は「帰米二世」の代表的人間であった。彼については作家の高杉良が『祖国へ、熱き心を―東京にオリンピックを呼んだ男―』と題した小説を書いているが、和田が日本で良く知られるのは、東京オリンピック招致するにあたり、時の首相岸信介より特命を受け、中南米をかけめぐり、東京開催の票集めをしたことである。和田は私財を投げ打って祖国日本の為に徒手空拳で中南米を飛び回ったのである。

実はこのフレッド・和田は御坊市に送られていた頃、二階俊博の医者である母親の親類のところで面倒をみてもらっている。そんなこともあって、二階の母親とこのフレッド・和田とは付き合いもあり、二階はその話を母親からしばしば聞いていたという。私事になるが、わたしもこの和田とはカリフォルニアに住んでいた頃何度も会って話を聞いている。和田はアメリカ人でありながら、「大和魂」についても語る人間であった。

二〇二〇年の東京オリンピックは巡り巡って小池百合子都知事の下で開催されるわけだが、この小池百合子とも二階は縁が深い。保守党時代、党の同僚であった。小池が自民党に属しながらも自民党公認の増田寛也との戦いとなり、自民党との分裂選挙となった。その結果自民党からの除名処分もささやかれたのであるが、幹事長就任早々の二階は「もう撃ち方やめだ……」と仲介に入って、両者の仲を取り持った。これも人との出会いを大切にする二階流の厚情といえるのかもしれない。もっとも、新党「希望の党」を立ち上げ代表となった小池は小泉純一郎ばりの手法で敵を作り、戦う政治家であるから、この先も二階との関係を維持するのかどうかは分からないのではあるが。こうしたことも、これらは余談中の余談なのだが東西南北の政治家二階の人生における人との出会いの多さがもたらせたものとは言えるだろう。

和田がロサンゼルスで商売をしていた頃の一九三二年、和歌山県出身の前畑秀子は、ロサンゼルスオリンピックに出場し、二〇〇メートル平泳ぎで二位となり、さらに次のベルリン大会で、NHKのアナウンサーが「前畑ガンバレ。前畑ガンバレ」と二十四回も絶叫し、日本女性として初の金メダルを獲得している。

和田が世界を走り回っているころ、「フジヤマのトビウオ」と呼ばれた古橋廣之進と、その終生のライバルであった橋爪四郎はホテル代を節約するため和田の家に泊まっているが、この橋爪も和田と同じように和歌山県の出身であった。

話は尚も和歌山県についてである。

ここは、紀ノ國、紀州とも呼ばれていた。紀ノ國はもともと「木の国」と古来は呼ばれていたらしい。あえて、木の国というからには、木が多い土地であるからであろう。先にも述べたが県全体のほぼ八割は山である。森の国である。そんな理由もあって、空海がここに真言密教の寺、高野山を開いたと思われる。紀ノ國あるいは紀州が和歌山となるのは豊臣秀吉が「若山」と名付け、これが和歌山に語ったのだという。

和歌山県について、もう一つ大急ぎで付け加えるべきことは、自然災害が多い事だ。年に十数回の台風がこの県に上陸するか、かすめることがある。県全体に山が多いため、豪雨となれば川は氾濫、土砂崩れが多発する。またこの地域は、南海トラフという地震帯状に近いため、古来、多くの巨大地震が発生し、津波による多大な被害をこうむっていた。気候は温暖で日照時間は多いのだが、日本的な農業には適していない。

二階俊博は、おおざっぱに言えば、気候は温暖とはいえ、こうした厳しい自然を宿命とする風土に生まれたのである。

自然風土は人格形成にも何ほどかの影響を与えるはずだ。政治家にとってはなおさらのことだ。田中角栄が雪国新潟県に生まれ、その地理的ハンディを政治家になるための原動力とし、三国峠にトンネルを作り、新潟と東京を一本の道路で結ぶと公言しているが、こうした角栄の雪国人という生活体験から「日本列島改造論」を構想できたように、二階俊博も自身の政治家生活の総決算として、「国家強靭化」構想に邁進している。二階も県会議員の時代から和歌山県を東西南北に走る道路を創ると宣言していた。

田中が日本列島全体を視野において、道路インフラの整備を提言し、これを実行に移したわけだが、それから約半世紀、田中たちが唱え実行した日本インフラの老朽化が著しく進行している。そんなとき、二階俊博はそうした老朽化したインフラの全面的な見直しを提言したのである。迫りくる大地震、そして地球温暖化がもたらした大雨による全国的な土砂崩れの危機、河川の氾濫。一刻の猶予もない。

高度経済成長に多大な貢献をした「日本列島改造計画」の、その負の部分を修復しようと考える二階俊博の「国土強靭化」については後に詳しく述べることとする。

二階が生まれた和歌山の風土を簡単に紹介した。ではどのような家庭に生まれ、どのような人間関係が、政治家としてデビューする前に作られていたのか。

二階俊博は、昭和十四年二月十七日、和歌山県御坊市新町で生まれた。

父親の俊太郎は、明治三十三年十二月二十三日、和歌山県西牟婁郡三舞村久木の生まれである。

二階の幼少期については、わたしも二階からその断片を聞いてはいるが、自らを「二階俊博の従軍記者」とうそぶく作家、大下英治の『二階俊博の政界戦国秘録』（紀州新聞社）を引用しつつ、その所々にわたしが二階から直接聞いたエピソードを交えて書き進めたい。大下は次のように二階の家族を描く。

俊太郎は、政治に関して特別な背景があったわけではない。東洋汽船の太平洋航路船の乗務員となり、十数回、太平洋を横断する。

その後、筏流しや農蚕業を経て、母校の安居小学校の代用教員をしていたこともあった。

この時代、外で演説の練習をやっていたというから、そのころから政治家を志していたのかもしれない。

このころは、選挙は、演説で決まっていたほどである。現在と異なり、演説への熱の入れようが違った。

その後、紀伊民報社の記者となり、御坊支局主任となる。

さらに、御坊に地元新聞の日高日々新聞を創設。その経営にあたった。

その間、当時の県議小池丑之助の知遇を得て、県政会に打って出る布石を着々と固めていった。

二階の生まれる前年の昭和十三年三月、三十九歳で県会議員の補欠選挙に立候補して当選した。

俊太郎は、温厚誠実な性格で、争うを好まなかった。人望も厚く、昭和十五年九月、県会議員でありながら、争いの絶えなかった日高郡稲原村村長に請われて就任。

昭和十八年四月には広瀬永造知事、寺島中将、寺井久信日本郵船社長の肝入りで中和造船を主体に、郡内木工技術者を広く集めて株式会社御坊造船が設立された。この御坊造船の社長には、俊太郎が就任した。

俊太郎は多忙を極めた。なにしろ県会議員、稲原村村長、御坊造船社長と三役を兼務することになったのである。

県会では生涯の仕事と心身を賭けて努力を重ねた、日高川の若野、野口、六郷の三井堰の総合施設を完成させ、日高平野農政史に大いなる功績を残した。

このように父俊太郎は地方とはいえ政治家であり、かつ事業経営センスの持主であったことが分かる。加えて新聞記者の経験も持っている。本書において所々で二階の文章を引くことになるが、二階は政治家にしては珍しく、控え目で、丁寧な文章を書く。こうした才能もあるいは新聞記者でもあった父親から受け継いでいるのかも知れない。

この政治と経済の二つの才覚は息子の俊博に遺伝子として伝わっていると思われる。というのも二階俊博の政治手法を分析してみると、着想力、行動力どれを取っても企業経営者が持つそれだと思わせるものが多々あるからだ。第一章で少し触れたが、岡崎邦輔であれ、松下幸之助であれ、政治と経済に合わせた才を持つのは和歌山県人の性格にあるのかもしれない。これは仮定の話だが、二階が政治家では無く、実業家になっていたなら、一代の経営者になっていたであろう。その可能性について本書で折々に触れる。大下の文に戻る。

昭和一八年七月十一日、将来の二階俊博にとって運命の人となる遠藤三郎が、農林省から和歌山県の経済部長としてやって来る。

当時の和歌山県知事広瀬永造が、県会議員であった俊太郎に頼んだ。

「今度、経済部長として来られる遠藤さんという役人は、間違いなく将来偉くなる人だ。県議会の猛者たちが潰してしまわないように、きみにしっかり守ってもらいたい」

そういう縁で、俊太郎と遠藤は仲良くなった。

遠藤は、昭和一九年七月に農新省大臣官房文書課に帰って行くが、その後も、二人の関係は続いていく。

遠藤は、昭和二十四年一月の総選挙に初出馬し、初当選を飾るが、その時に出馬を決意したという俊太郎への手紙も二階家に残されている。

遠藤と俊太郎の縁から、やがて二階俊博は遠藤の秘書になり、十一年間も遠藤を支え続けることなる……。

遠藤三郎について

遠藤三郎の名がここに出たので、二階にとっての「運命の人」となる同氏についてこれからも多く登場する名前なので少し述べておきたい。先ずは遠藤の略歴である。

静岡県出身。農業・遠藤儀一の五男として生まれる。静岡県立沼津中学校、第一高等学校を経て、一九三〇年三月、東京帝国大学法学部法律学科を卒業。一九二九年一〇月、高等試験行政科試験に合格。一九三〇年四月、農林省に入省し嘱託となる。

遠藤三郎

以後、水産局水産課長、同監督課長、食品局特殊食品課長、食料管理局第一部企画課長、同部総務課長、第二部官吏課長などを経て、和歌山県経済部長となる。農商省となってからは生活物資局監理課長、綜合計画局参事官を務めた。

戦後は、内閣調査局調査官、内閣参事官、農林省官房会計課長、総務局長、畜産局長などを務め、一九四八年九月に退官した。

一九四九年一月、第二十四回衆議院議員総選挙で静岡県第二区に民主自由党から出馬し初当選（当選同期に池田勇人・佐藤栄作・岡崎勝男・前尾繁三郎・麻生太賀吉・橋本龍伍・小渕光平・西村英一・橋本登美三郎・福永健司・塚原俊郎・藤枝泉介・木村俊夫・稲葉修・河本敏夫・森山欽司・床次徳二・有田喜一など）。その後、一九六九年十二月の第三十二回総選挙まで連続九回の当選を果たし、現職で死去した。

自民党では岸信介系の藤山愛一郎派に所属。第一次鳩山一郎内閣で大蔵政務次官、第二次岸内閣で建設大臣となった。その他、自由民主党の副幹事長、政調会副会長などを歴任した。

遠藤と当選同期の政治家たちの多くは後に首相となる佐藤栄作や池田勇人らを含め一時代を築き上げるほどの人物ばかりではないか。その遠藤三郎の元で二階俊博は政治家の修行を開始するのである。

本書に何度となく登場する遠藤三郎なので、二階俊博が遠藤三郎について書いた文章があるので紹介する。

我が人生の師・遠藤三郎先生

遠藤先生は、戦時中の昭和十七年頃、当時の農林省から和歌山県の経済部長として出向されました。その頃、和歌山県議会では、山口喜久一郎議長（後の衆議院議長）、小野真次副議長（後の和歌山県知事）などがご活躍され、また県の警務課長には、後に法相となられた秦野章先生もおられたと聞いております。

私の父もその当時、県議として遠藤経済部長に親しくお付き合いさせて頂き、遠藤先生が東京に帰られてからも、あるいは代議士になられてからも、親しくご指導を頂いておりました。そんなご縁で昭和三十六年の春、私は社会人としての第一歩を遠藤三郎先生の代議士秘書としてスタートさせて頂きました。

当時遠藤先生は五十六歳、まさに男の働き盛り。「藤山政権」を目指して情熱を燃やしておられた時期でした。

寒い冬はマフラーを首にひっかけて会合から会合に走り回り、その間、スポーツ好きの先生は、暇を見つけては後楽園球場にでかけ、日本シリーズなら巨人、ノンプロなら地元の大昭和製紙を夢中になって応援されていました。チャンスになるとスタンドでアンパンをほうばりながら、時には立ち上って声援を送っておられた姿が昨日のことのように思い出されます。またボクシング、相撲にもよくでかけました。

そのような折りに、いつもお伴をさせて頂いたのですが、常に頭はシャープで、身のこなしは機敏、先生について廻るだけでも大変でした。

「暇があれば、国会の委員会や党の会合へでて、勉強しなさい」といって、選挙区の方々の陳情処理の合間を縫って、勉強の機会を与えてくれました。また、夜の会合から自宅に帰る途中で、後楽園近くに下宿をしていた私を時には、送ってくださいましたが、私が降りるころになると

「お父さんから預かった君に、酒を飲むことばかり教えているわけではないよ。帰ったら勉強しなさい」と、そんな言葉をかけて頂いたことが、いまも脳裡から離れません。

選挙区の静岡県沼津市にも時々ご一緒させて頂きましたが、「世界中を廻ってきて、やはり富士山の見える静岡県が世界一だなあ」とよく述懐されており、郷里に帰ることが何よりも好きな郷土愛の強い政治家でもありました。

選挙も強い。仕事もできる。自信に満ちた先生に秘書としてお仕えするようになってちょうど一年を迎えた頃でした。千鳥ケ淵の桜が満開に咲き誇っていた陽春の日、先生は軽い脳溢血で倒れ、東大病院に入院されたのです。心の中で大木が音をたてて倒れ行くような大きなショックを受けたのは、私一人ではありませんでした。

入院後、しばらくして意識を回復された先生から私への第一声は「二階君が嫌がるなら仕方がないが、佐賀県の杉原荒太先生（元防衛庁長官）の選挙のことが気になるので、当分応援に行ってくれないか」ということでした。

遠藤先生のご長女・道子さんが、杉原先生のご長男・杉原哲太さん（弁護士）のところへ嫁いでおられた関係から、遠藤先生が心配するお気持がよく分かりました。そこで私は「お役に立てるかどうかわかりませんが、選挙のときは朝早く起きて事務所を開ける人でも必要でしょうから、何かやれるでしょう」と言って事務所の先輩達に見送られ夜行列車に乗り佐賀県に赴いたのです。

人生は人と人の出会いだとよく言われます。私はここで、もうひとり遠藤先生とは全く違ったタイプの政治家・杉原荒太先生と二ヶ月にわたり寝食をともにさせていただき、多くのことを学びました。

また、このとき知り合った杉原先生のご親戚に当たる若かりし日の元経済企画庁長官愛野興一郎代議士（祐徳バス副社長＝当時）と知り合い、それ以来、ご交誼をいただく間柄となりました。

二ヶ月余の参院選挙のお手伝いを終えて東京に帰ってみると、遠藤先生もようやく回復に向かわれて、長野県鹿教湯温泉にリハビリにでかけるとのことで、私もお伴することになりました。

途中、カッコーが鳴く軽井沢のホテルで一泊し、先生と奥様と私と運転手の笹原君（現在栗原祐幸代議士秘書）の四人で、まだ舗装のされていない長野県丸子町の県道を走り、目指す鹿教湯温泉に辿りついたのは、初夏の頃でした。

間もなく奥様が東京に帰られてから、先生と私と笹原君の三人での共同生活がはじまりました。先生は声を出す稽古に小説「宮本武蔵」を朗読するほか、朝の散歩、一日数回の温泉入浴。手の感覚を取り戻すために奥様とご一緒に近くの釣り堀を訪れ、虹鱒を沢山釣り上げたこともありました。

階段の昇り降りの練習、診療所通いなど、今になってみれば何もかも懐かしい思い出ばかりです。

人里離れた山奥でひたすら政界復帰を目指して約五ヶ月間の訓練は、求道者の姿にも似ていました。そのとき私は、先生は単に頭脳明晰だけでなく、「努力の人だ」とつくづく感心させられたものです。

いくぶん手足の不自由さは残りましたが、順調に回復され、その年の秋も終わりの頃、沼津市と吉原市（現富士市）で遠藤会の大集会を開くことができました。藤山愛一郎先生をはじめ当時、藤山派の重責をになっておられた江崎真澄先生、小沢佐重喜先生（小沢一郎自民党幹事長のご尊父）、藤原あき先生などが駆けつけてくださり、さらに地元出身の参議院議員で、当時厚相だった小林武治先生にもお出かけ頂きました。

この時の厚生大臣秘書官が若き日の橋本龍太郎大蔵大臣で、大臣の日程をやりくりして頂きました。

遠藤会の総決起大会は、大成功で「遠藤三郎健在なり」を選挙民の皆さんにお披露目するとともに、新たな結束を促し「政治家・遠藤三郎」の再出発の日となったのです。

この後、三回の衆議院選挙、約十年の政治活動を続け、その間に工業整備特別地域整備促進法、自転車道の整備等に関する法律を議員立法で、自らが提案者となって成立に漕ぎつけ、今日の工業整備特別地域の発展や子供達の喜ぶ自転車の専用道路建設の基礎を築かれたのであります。頑健な候補者でも大変な選挙戦を三回にわたって闘い抜き、常に高い得票で当選されましたが、これは遠藤会員の皆様方の熱意あふれる支援の賜物であることは言うまでもありません。同時に郷里・静岡県の躍進と国家の発展にかけられた政治家としてのたぎるような情熱と使命感が不自由な身を押して十年のご活躍をもたらしたものと思います。

昭和四十六年十二月二十七日。遠藤先生は静かに二十二年十一ヶ月にわたる政治生活と六十七年七ヶ月の生涯に幕を閉じられました。

先生が逝かれた後、私は郷里和歌山県に帰り、地元の皆さんのお蔭で県会二期を勤めさせて頂き、さらに昭和五十八年十二月の総選挙で多くの方々のお力で初当選させて頂きましたが、初登院の十二月二十七日は奇しくも先生が亡くなられた日から数えて十二年目でありました。誠に不思議な巡り合わせであるとともに、自らの今日あるは、遠藤先生のお蔭であると、改めて心に刻んだものです。

もう一つの不思議な巡り合わせがあります。

遠藤先生が亡くなられた時、衆議院で弔辞を述べて頂いたのが、社会党委員をなされた勝間田清一先生でしたが、私は初登院の日に自民党の党議決定に基づいて、社会党の副議長候補の勝間田先生に一票を投じさせて頂いたのであります。

戦前、食糧庁企画課長時代に、先生が心血を注がれた「食管法」は今、時代の移り変わりと共に見直しが言われ、日本の高速道路時代の草分けとなった東名高速道路は、いよいよ、第二東名道路の建設が進められるに至っております。この大きな変遷を今、先生は天国にあって、当時共にご苦労された方々と何を語り合っておられるか、興味深い思いが致します。

いずれにせよ、これからの私自身の政治生活を通して、私の人生の師であり、偉大であった先生の名を汚すことのないよう心に誓う今日この頃であります。

遠藤三郎の遺訓

遠藤三郎の略歴そして二階の文章を読むと、遠藤が今日の道路整備に係わる幾多の法案、そして食管法等について、並々ならぬ見識と行動力を持っていたかが分かる。とりわけ二階の文章からは遠藤が人間としてもいかに誠実であったかが理解できる。

二階が遠藤三郎の秘書として働いていた頃、遠藤はしばしば「下民易虐。上天難欺」（下々の人民は虐げられ易いけれども。天を欺くことはできない）という詩句を口にしていたという。この漢詩には、前に何かがあるはずだが、遠藤に質問するわけにもいかず、いつかこの漢詩の全文を知りたいと思っていた。なぜなら上に立つもの（政治家）の戒めとして、遠藤三郎は心している、と若き二階俊博は感じていたからだった。

「遠藤先生は、しばしば、この漢詩の一節を口にしていたのだが、不覚にも、その前にあるはずの文章を聞きそびれてしまったけど、なぜか、自分の心にこの言葉が残っていた」と二階は言った。

ところが、あるとき福島県二本松の大河内市長（当時）より、全国会議員に「戒石銘」の拓本が届けられる。

刻銘二百四十周年の年（一九八九年）であった。

これが有名な福島県の二本松市に建立されている戒石銘の銘文である。これこそが、遠藤が折々口にしていた詩文であった。

爾 棒 爾 禄　爾の棒、爾の禄は　あなたがお上から戴く俸禄は
民 膏 民 脂　民の膏、民の脂なり　国民の汗と脂の結晶である
下 民 易 虐　下民は虐げ易きも　下々の人民は虐げ易いけれども
上 天 難 欺　上天欺き難し　天を欺くことはできない

寛延己巳之年春三月

当時の藩主丹羽高寛が藩士への訓戒として、藩儒の岩井田昨非に命じて石に刻んだものであり、二五二年も前の建立であり二本松では観光の名所ともなっている。

「この拓本が届けられたとき、あっ……。これだったのだ。遠藤先生はこの詩の如く政治家として生きてこられたのだ。という思いに駆られた。それにしても、いつの日にか、この漢詩の全文を知りたいと思い続けていたものが向こうの方からやって来た」

二階は、わたしにそう語ってくれたが、この拓本が届いた後、二階はこの戒石銘を訪ねたことは言うまでも無い。

二階俊博の母

二階はこのような詩文を胸に秘めた遠藤三郎という政治家の元で、鍛えられていたのである。大下の文章に戻る。母親菊枝についてである。

俊太郎は、御坊造船社長として、戦時の海上輸送力増強の推進に努めた。最盛期には従業員六〇〇人を超える日高地方最大の企業に成長させた。

いっぽう、母親の菊枝は、当時としてはめずらしい女医であった。

明治三十二年十一月一日、和歌山県日高郡の龍神温泉で知られる龍神村殿原に生まれた。十何代も続いた医者の家系で、父親の古久保良輔も医者であった。菊枝は、旧制田辺高等女学校を卒業後、大正八年に小学校の代用教員となった。

ある日、母親のさわが菊枝に嘆いた。

「大勢の子供が居るのに、お父さんのあとを継いでくれる子供は居ないものか……」

菊枝は、十二人兄弟の五番目であった。

父親の良輔は、菊枝によく口にしていた。

「人のためになって、死ぬこと」

菊枝は、いつも父親の言葉が頭の中にあった。

大正九年、菊枝は、両親の願いを胸に、当時日本に一つしかなかった女医の養成機関である東京女子医学専門学校（現東京女子医科大学）に進んだ。

この学校は、吉岡彌生が設立した。吉岡は、明治四年三月十日、遠江国城東郡土方村（静岡県掛川市）に、漢方医・鷲山養斎の娘として生まれた。

明治二十二年に上京し、済生学舎（日本医科大学）に入学した。

明治二十五年、内務省医術開業試験に合格し、日本で二十七人目の女医になる。

明治二十八年に再上京し、昼間は開業をしながら夜はドイツ語を教える私塾・東京至誠学院に通学。その年十月に、同学院院長の吉岡荒太と結婚した。

明治三十三年、済生学舎が女性の入学を拒否したことを知り、その年の十二月五日、日本初の女医養成機関として東京女医学校を設立した。明治四十五年に東京女子医学専門学校に昇格、大正九年に文部省指定校とない、卒業生は無試験で医師資格が取れるようになった。

菊枝は、この学校で、吉岡の門下生として「至誠」という「吉岡彌生魂」を受け継いだ。

菊枝は、大正十二年十二月に医師免許状を取得し、卒業した。

その後、「すべての人に真心で」をモットーに、御坊市新町で内科医院を開業した。その当時の日本には、女医は一二〇〇名程度だったから、まだ珍しかった。

「古久保先生」、「せんせはん」として信頼を集めた。

そのため、菊枝は、夫と同様、忙しい日々を送っていた。

ときには、深夜遅く、「子供が四〇度の熱を出した」と患者の母親が髪を振り乱して医院に駆け込んでくる。

車などない時代である。菊枝は暗い夜道を自転車の荷物台や文化車という人力車のようなものに乗せられ、往診に出かけた。時には夜道を歩いて出かけることもあった。菊枝は、それでも嫌な顔ひとつ見せなかった。

菊枝は、絶えず思っていた。

〈病む人々を、一人でも多く慰めてあげたい〉

病気というものは、気持ちの持ちようで左右されることが多い。クヨクヨせず、何事にも前向きの姿勢で生きるように努めることが大切だということを患者には言った。

菊枝は、乳幼児の重症心臓病を早期に発見した。その子供はすぐに手術を受け、一命をとりとめた。その子の母親から感謝された。

菊枝は、その時、あらためて、実感したという。

〈お医者さんになってよかった……〉

菊枝は、家庭にあっては特に強い主張はしなかった。が、一家の支柱のような存在であった。

菊枝は、人望も厚く、夫が公職追放中、その身代わりとして、県議会に出馬するよう何度も勧められた。

早合点した地元の新聞社が、「立候補予定者の写真を撮りにきました」と自宅にやって来たこともあった。

が、菊枝は、固辞し続けた。

俊博は、母親によく言われた。

「一生懸命頑張れば、それなりに世間が認めてくれる。それに見合う生活が自然に与えられる。努力すれば、かならず結果が出る。勉強して、頑張りなさい」

「明治の女」であった菊枝は、その言葉どおり、一生懸命頑張る人であった。

菊枝は、幼い俊博にも「彌生先生」のことをよく口にしていた。

俊博には、その人がどのような人かはわからぬが、はっきりと記憶に焼きついていた。

御坊中学校に進学した俊博は、工作の時間に、木で本箱を造って提出した。実は、御坊造船で木造船を作っている職人たちに手伝ってもらったのである。

が、鉋のかけ方など上手すぎては手伝ってもらったことがすぐにわかるので、わざと下手に造ってもらうように頼んだ。

俊博は、あるとき、外郭団体の主催する弁論大会のメンバーに選ばれた。俊博は、差別問題を主題とする島崎藤村の社会小説「破戒」を引用し、人権問題について演説した。

俊博は弁が立った。これは、父親の影響によるものであった。稲原村村長であった父親は、戦時中、戦死して英霊が帰ってくるたびに、俊博の通う稲原小学校で慰霊祭の代表として演説をおこなった。

終戦が近づくと、戦死者が増え、それこそ毎週のように慰霊祭がおこなわれる。

俊博は毎回欠かさず父親の慰霊の演説を聞かされた。ただし、終戦のとき、俊博はまだ小学校一年生である。話の内容については、よくわからなかった。

だが、演説に重要なメリハリの重要さを知らず知らずのうちに身につけていたのである。

二階少年は戦時中父親と共に戦死した英霊の前で幾度となく手を合わせているが、二階は葬式というものに関しては人一倍、誠実に対応し出席する。外国に出向いても、そこに日本人兵士の墓があると知れば、出向いて手を合わせるらしい。これは二階と一緒に外国視察に同行した政治家からも聞いた。中国を訪問中、薄熙来の父親薄一波が亡くなった時も、二階は予定をキャンセルして家族葬に出席しているのである。大下の文章に戻る。

なお母親の菊枝は、昭和二十八年には湯浅保険所医となる。住まいのあった御坊から湯浅までは、電車を乗り継いで約一時間もの道のりであった。菊枝は、朝夕のラッシュ通勤をつづけた。昭和五十六年に、八十三歳で退職するまで生涯を地域医療の向上のために尽くす……。

このように大下がくわしく述べたように、二階俊博は地元とはいえ政治家（県会議員）かつ実業家でもある父親と医者である母の間に生まれた。政治が人々の暮らしを向上させる仕事であるなら、医師は人々の痛みを治す仕事である。つまり、政治は「世のため」の仕事であり、医術は「人のため」の仕事である。二階俊博は「世のため、人のため」に生きる両親から生まれたのだった。すなわち幼年期より、二階は政治家的な人生を生きるよう宿命づけられていたといえるであろう。

二階俊博は後にも触れるが、動く。日本全国を、そして世界を、東西南北を動き動く。この動き回る姿は、なぜかわたしは宮沢賢治の、

雨にも負けず　風にも負けず　雪にも夏の暑さにも負けぬ　丈夫なからだをもち
慾はなく　決して怒らず　いつも静かに笑っている　一日に玄米四合と
味噌と少しの野菜を食べ　あらゆることを　自分を勘定に入れずに
よく見聞きし分かり　そして忘れず　野原の松の林の陰の
小さな萱ぶきの小屋にいて　東に病気の子供あれば　行って看病してやり
西に疲れた母あれば　行ってその稲の束を負い
南に死にそうな人あれば　行ってこわがらなくてもいいといい
北に喧嘩や訴訟があれば　つまらないからやめろといい
日照りの時は涙を流し　寒さの夏はおろおろ歩き
みんなにでくのぼーと呼ばれ　褒められもせず　苦にもされず
そういうものに　わたしはなりたい

の詩を思い浮かべる。もとより二階俊博は政界という魔物が多く住む世界の住人であるからして、宮沢の純粋な詩の世界とは別世界の人物だと思われるかもしれない。しかし、二階俊博という政治家はこの宮沢の詩が語るようにこの詩心を持って政治の世界を「東西南北」めまぐるしく

動き働いているのである。二階俊博少年は医者である母親の手伝いをすることはなかったというが、夜、夜中に母親が、山道を歩き、患者が待つ家を訪ねていることはよく知っていた。医者が少ない時代の地方都市のこと。応急箱を手に、母親が山道や農道を歩く、その姿を想像して育っていた。そうした二階少年が、後に政治家となり宮沢賢治の詩の「東に病気の子供あれば、行って看病してやり」以下の詩文に重なる姿が想像できるのだ。

東西南北に出向いて、弱い立場にある人々を激励する宮沢の詩と重なる行動をする二階の一例を紹介する。二〇一六年の十二月、新潟県糸魚川市で大火災が発生する。そして二階は十二月三十一日、雪の降る糸魚川市に飛行機と自動車を乗り継いで出かけ、焼け跡を視察した後「激甚災害」に指定するのである。「激甚災害」とは、土砂崩れや水害といった自然災害に対し公費でこの後始末をする法律である。しかし糸魚川のそれは火事という「人災」。これに対し「激甚災害」の認定はあり得ない。にも拘わらず二階は「フェーン現象で強風が火事を大きくした。これは立派な自然災害だ」という理屈をその場で考えついたのである。喜んだのは災害で家屋を失った行政と市民である。なぜなら財産を失った上で、自分で費用を出し後始末をしなければならなかったからである。

なぜ、それをしたのか二階にたずねると、「こんな時のために政治家があるはずだ。誰かが決断すれば出来ることなら、幹事長である自分の責任で、たとえ火事であっても、激甚災害に認定できると考えた。風という自然が火事を大きくした。そう考えればすむことだ。公費というものは、弱い立場にある人々のために使うものさ」二階はそう答えた。

高校時代の二階俊博

さて県立日高高校に入学した二階は、たまたま同校が甲子園初出場となり、大急ぎで応援団を作ることとなり、急製造ながら二階はそのリーダーとなる。

和歌山県は西日本を代表する高校野球王国で、後にプロ野球に進む多くの球児を生んでいた。そうした高校野球王国で、甲子園初出場となる母校のチームと共に二階少年は甲子園のアルプススタンドに立っている。二階が遠藤三郎の秘書時代、前に述べたがしばしばプロ野球を観戦する下地が形成されることになる。

二階は母校日高高校が甲子園初出場したとき、急製造の応援団を組織し、甲子園に立つわけだが、この高校時代、二階は同級生たちから見てどのような少年だったのか。一九五六年（昭和三十一年）五月二十二日の「日高高校新聞」に当時の二階俊博について書かれた文章がある。

「山椒は小粒でも……」　二階俊博君
応援団長と聞いて、私はどんな猛者かと予想していた
先日本校応援団指導の為、駆けつけた龍谷大先輩の語る通り、小兵の彼は少々彼らを面喰わせた様だ。
「山椒は小粒でもピリリと辛い」正に本校の青史を飾る初代応援団長を勤めた彼二階俊博は、

温厚且つ上品な男だ。一見応援団長と聞いても信じられぬ。しかし共に語って初めてわかる日高高校生きっての闘志の持主だ。

その心中に潜む闘志をもってこそ、三十余年来の夢実現のあのマンモス球場での、野球部大活躍の陰の力、応援団の牽引車としての重責を果たした事もうなずける。この勢に乗じて、またも彼は全校生徒の脚光を浴びた。即ち今度は野球部、応援団の応援を得て、挑戦者を大差で破り、生徒会長の金的を見事射とめたのである。ここ当分全校は彼の一人舞台の感であった。しかしここに我々の不安もある。それは彼が生徒会関係において全くの素人であること。学校祭という一大ピークの存する、第一期会長の彼をいかにして果たすかであり、元来、温順なる生徒の集い、本校生徒会と彼の積極的政策をどうマッチさせるかという事である。がもちろん、応援団長を通じて悟ったと語る「団体公道指導の要領」「和の精神の重要さ」を心に銘記して加うるに過日鍛え上げた精神力忍耐力をもって、会長二階はこの重責を無事果たすことは確かであろう。

従来よりの本校生徒の欠点「超温順さ」を一気に返上、あの甲子園で全国の若者に伍しての、堂々たるリード振りは何ら遜色は無かった。今後我々は安心して生徒会を託すことが出来る。また、彼事本校が生んだ他校に誇るべき立派な会長である。しかし人間二階には欠点は尽きぬ。持前の柔かい口調の名弁舌が禍いしてか、いわゆる八方美人と見られる向きもあるが、どうして側近の語る如く、不平不満をすぐ表情に表し、付き合いにくい所もある。

しかし彼の利点はこれらの欠点を補ってなお余りあり。加えて先日の投票結果が表す通り、女子諸君には礼儀正しい紳士的態度は絶大なる人気を博し、全生徒の協力を得て、会長の任務を完遂する事だろう。また、親譲りの政治家肌を多分に有し、今期中にも何かをやろうとしている様だ。しかし、初陣会長二階俊博、今後の優れた手腕のほど見守った後、彼を論ずるのが妥当だろう。（S・M記）

※なお、記者のS・M氏は、後に、日本経済新聞の経済記者として活躍された森勝平氏。

後に日経の記者になる才能の一端がうかがえる高校生らしい気負った文章だが、二階俊博少年の長所と欠点が過不足無く描かれている。この文章は世に現れた最初の二階俊博論だと思われる。応援団を作り上げた後、生徒会会長という政治ポスト（？）に着くわけだが、そのポストに対する期待も「親譲りの政治家肌を多分に有し、今期中にも何かをやろうとしている様」と書き加えてある。

このころから、友人たちからはいつの日にか、二階俊博は政治家になると思われていたようである。

二階神話

政治家になるためには必ず「選挙の洗礼」を受けなければならない。

二階俊博は、県会議員から今日の国政の議員に到るまで、一度も負けたことが無い。政治における選挙どころか、生徒会会長選挙から勝ち続けていたのである。後に触れるが、二階は「政治とは選挙のことである」と断言するのだが、こうした信念は、早くも高校時代の生徒会長選挙における勝利以来の不敗神話から始まっているであろう。

では、この生徒会の選挙を、二階俊博少年はどのように戦ったのか。

相手の名を仮にA君としておこう。A君の実家はパン屋さんである。そこで俊博少年は、選挙の前々から、何と頻繁にそのパン屋さんに出かけパンを買うのである。A君の実家からすれば、俊博少年は上得意のお客さんである。この上得意のお客さんと自分の息子A君は戦うのか……。

果たしてA君は、親から次のように言われたのであろう。

「Aちゃん。二階さんの家の俊博ちゃんが、我が家のパンをいつも買ってくれているのよ……」

母親に、仮にそう言われているのであれば、A君の戦意は減少するであろう。パンを買い続けることで相手をやっつける。

「恐るべし俊博少年」ということになるではないか。

これはあくまでも、わたしの邪推ではある（念のため）。

果たして、この話しは本当かどうか確かめる手立ては無いが、わたしはこの話しを二階の地元に係わりを持つ人から聞いたのである。

このことを二階にたずねると「六十年も前のことだから記憶にないが、そんなことしたかな……」と答える。恐らく、これは、どこからともなく、こんな話が出ていつの間にか神話（？）となったのかもしれないが、あえて紹介する次第である。

高校時代の二階に、後に政治家になる素質を証明するエピソードがある。

生徒会の会長を務めているとき、日本中は安保反対を唱える全学連という学生運動が吹き荒れていた。そうした影響から和歌山県内の各高校生も刺激され、授業料値上げ反対運動が起こり、二階のもとに県内生徒会長会議の通知が届けられた。

勉強するための環境を改善しようという趣旨ならいい。だが、授業料の値上げ問題に踏み込み、なおかつ署名を携えて県知事に直接話をしにいくなんていうのは、本来の高校生の生徒会の仕事じゃないと二階は考えていたというが、県内生徒会長会議の話を聞きつけたのかこれを心配した校長から呼び出しを受ける。

「生徒会長会議があるようだが、きみも出席するつもりか」

二階は、

「出席しますが、授業料値上げ反対運動に同調するつもりはありません」

「そうか、良かった。きみも知ってのとおり、今度、わが校は、普通科と商業・工業科に分離することになった。教育委員会にも、県にも、世話になっている。それなのに、授業料値上げ反対運動なんてやってもらったのでは、学校としても校長としても、県に対して困るからなぁ」

と校長。

この言葉を聞き二階はあることを思いつく。

「ただお願いがあります。授業料値上げ反対運動をしない代わりに、その運動の捌け口として、校内緑化運動をやりたいと思います。金をかけるなら、植木屋に頼めばいいのですが、しかし、金はいっさい使わず、全校生徒の協力で校庭の周りに花壇を作り、緑を植えるんです。田んぼの畦道を歩けば、クローバーなどいくらでも生えている。それを、全校生徒でとりに出かけ、それを植え替えればいい」

「それならいいだろう」と校長は答える。

二階は校長のお墨付きをもらうと、すかさず校内緑化運動に取り掛かった。

緑を植える花壇には、やわらかい土がいる。そこで、ダンプカーを持っている生徒の父親の協力を得て、山から土を運んでもらった。二階のアイディアによって全校生徒が汗を流して花壇をつくり、緑を植えたのである。

高校生である二階は、早くも条件闘争という手段を駆使していたのである。政治とは落としどころを捜す技術であるとするなら、この時、早くも二階は政治的行動をしていたことになる。

もう一つ、後に外交的政治家となる二階俊博にとって、重要な人物と高校時代に遭遇している。ハス博士として世界に知られる大賀一郎の弟子として大賀亡き後「大賀蓮」を世界に知らしむる阪本祐二が、二階が学ぶ日高高校の生物の教師であったことだ。

古代ハスの種を発見した大賀一郎は、二〇〇〇年の時空を超え、見事に開花させたのである。その「大賀蓮」の美しさを教師阪本祐二に教えられた俊博少年は、政治家となった後に、これを二階外交の武器あるいは小道具として使うことになる。二階俊博による「ロータス・ロード」または「ロータス・ディプロマシー（蓮外交）」の種とこのとき出会っていたのである。これについては、第五章で詳しく述べる。

森の国から出現した政治家

人間の性格は、彼が生まれた家庭環境、そしてそれを取り巻く人間関係（師となるべき人物も含め）、そして生まれた土地や風景といった複合物によって形成される。これは前にも触れた。二階俊博が生を受けた和歌山県という風土の著しい特徴とは何か。

木の国紀州といわれるほど、紀州和歌山は森が多い。というよりも、紀州はたとえ半島の半分以上が海に面してはいても、森の中にある。森が多いということは、日本人にとって、そこには神社、仏閣が多く作られることになる。京都や奈良といった歴史上の古都に神社仏閣が多い事は理解できるが、紀州和歌山も、それ以上に神社仏閣が多い。この理由は、古都である京都や奈良、そしてやや遅れて商都となる大阪に比べ、森の数と量が段違いに多いからだ。日本各地において森があるところ必ず神社が作られる。しかしその森も、神社も存続の危機に直面したことがある。ことは明治の後期に起こった。歴史上有名な「廃仏毀釈」である。

二〇〇四（平成一六）、紀伊山地の霊場と熊野神社参詣道が世界遺産に登録された。紀伊山地の霊場とは熊野三山、高野山、吉野・大峯の三つを指し、熊野参詣道とは田辺から熊野本宮に向かう中辺路、田辺から海岸沿いに那智・新宮へ向かう大辺路、高野山から熊野本宮へ向かう小辺路の三つを指す。

これらは単なる「寺社と道」ではなく、和歌山県の豊かな自然によって育まれた信仰が息づく遺産であるとされ「世界遺産」として認定されたのである。

その豊かな自然を守り抜いた人物が、和歌山市出身の「南方熊楠」（一八六七〜一九四一）である。熊楠は幼い頃から動植物の観察に熱中し、山野を駆けめぐっていたため、「てんぎゃん（天狗の意）」と呼ばれた。喧嘩っ早く奇行も多かったが並ぶ者なき天才で、生物学をはじめ人類学や民俗学を修めた。ロンドンの大英博物館にこもり、一人植物学を研究しているし、一八八六（明治一九）年、アメリカに遊学した熊楠は、ミシガン大学に留学中であった同郷の先にあげた岡崎邦輔と出会い二人して日本人留学生たちの間でよく知られる武勇伝を生み出している。一時中南米や西インド諸島などに渡り、各種の標本や採集を行った。一九〇〇（明治三三）年に帰国したあとは二階の選挙区となる田辺に居を移し、紀伊半島を中心に隠花・顕花植物の採集とその分類に没頭した。学問とは国家に役立つもの、という風潮の時代にあって南方は一銭にもならない学問に専心していたのである。昭和天皇がこの熊楠に好意を覚え植物学について意見交換したことは余りにも有名なエピソードである。

そのさなか、熊楠にとって見過ごすことのできない大事件が発生する。和歌山県で神社の合祀が進み、神社を囲うように繁茂している鎮守の森が次々と破壊されていったのだ。

古来、日本では集落ごとに神をまつってきたが、明治政府は大分県知事であった平松守彦の「一村一品」運動ならまだしも「一村一神社」を目指して神社合祀を実施、和歌山県でもこれを積極的に行った。神社の歴史や信仰のあり方に関係なく、たとえば役場から遠い神社を近い神社に合わせてまっったり、重要性が低いと判断された神社を廃社にしたりした。その結果、一九〇〇（明治三三）年に五八八五社あった和歌山県内の神社が、一九一一（明治四四）年には七二六社にまで激減してしまった。

神社の廃社は鎮守の森の木々の伐採、ひいては自然破壊につながる。それを憂いた熊楠は、植物生態系の破壊が人間の生命と生活、つまり人間性の荒廃をもたらすと考え、身を挺して反対運動をはじめたのである。

熊楠は一九〇九（明治四二）年頃から神社合祀反対の意見を新聞などに発表しはじめる。やがて政府を動かさないと何も変わらないと悟り、和歌山県選出の代議士で彼の同志でもある中村啓次郎に衆議院で神社合祀の弊害を訴えさせた。さらに熊楠は、和歌山県の役人が行っていた利権乱用などの不正を暴いた。

だがその結果、熊楠はさまざまな圧力を受けることになった。林業奨励の講習会に怒鳴り込んだ際には家宅侵入罪で逮捕されてしまったが、庶民らが裁判所や警察署に押しかけ抗議してくれたおかげでなんとか釈放された。

それでも熊楠は負けなかった。珍しい植物の多い田辺湾の神島の神社が廃社され、森林の伐採がはじまったことを知ると、これを保安林にするよう県庁に働きかけ、地元の村長らの同意を得て、それ以上の伐採をやめさせた。この運動が奏功し、県知事も保安林として伐採を禁止するに至った。

その後も熊楠は、私財を投じて神社合祀の反対運動に奔走し続ける。すると一九二〇（大正九）年、ついに「神社合祀無益」との判断が貴族院で可決された。熊楠の長年の努力が実ったのである。

和歌山県では神島はもちろん、中辺路の一本杉や高原熊野神社などの神社と鎮守の森が守られた。

熊楠がいなければ、和歌山県のみならず日本の豊かな自然がたくさん失われ、信仰の歴史も廃れていたに違いない。熊野も世界遺産になっていなかっただろう。そうした意味で、熊楠の残した功績はあまりにも大きい。ここまでは『和歌山県の歴史散歩』(山川出版社)等々を参考に書いてみた。

本年は熊楠生誕一五〇年。南方熊楠の記念館のある田辺市が選挙区でもあるので、二階に熊楠についてたずねると、

「熊楠先生については詳しくは知らないが、熊楠先生について聞かれると自分の恩師である阪本先生のことを思い出す。大賀博士にしろ阪本先生にしろ植物を研究する人はその一点に全てを傾ける。他のことには興味ないのか、と言いたくなるほど熱心に研究する。熊楠先生も、あの時代よくも、あれだけ植物を研究されたものだと思うな。熊楠先生のおかげで紀州の森は守られた。大賀博士、阪本先生、そして熊楠先生らは同系列の人間と思う」

森を守る熊楠は恩師阪本先生を通し高校時代より二階の潜在意識にいつの間にか住み始めていたのである。

このような森の国に生まれた二階俊博は、政治家になって、植林に対し並々ならぬ情熱を示している。二〇一二年八月二階俊博は国交正常化四〇周年を記念し「弘法大師・空海を偲ぶ日中交

流使節団」を組織し、陝西省の西安を訪問したとき自分たちがいかに中国に対し植林活動をしてきたかについて、次のように述べている。

二〇〇二年の九月には、私達は日中国交正常化三〇周年を記念して訪問を計画し、その時には一万三千人の日本からの皆さんにご出席を頂き、国会議員も八三名ご参加を頂いた訳であります。万里の長城の麓の八達嶺というところで一万三千人の皆さんに記念植樹をして頂き、そのお一人お一人の名前を石に刻んで未来永劫にその行為が伝えられるようにして、そして自分の親、あるいは祖父母がこの事業に参加し、記念植樹をされたということであれば、私は必ずその後に続く人たちが再び北京を訪問し、さらに八達嶺に赴いて、思いを等しくされるであろうということを思っていたのであります。

三〇周年のときの一万三千人の植樹がもし傷んでいれば、今回四〇周年の機会にきれいにやり直そうということを考えて調査に行ってもらいましたが、中国側の皆さんの手厚いお世話によって、一万三千本の木はほとんど元気で、そしてもう植えてから日が経っておりますから、立派な木に育っているのであります。

二階はこのように植林活動を、あるいは後に触れるがハスの花を届ける「ロータス・ディプロマシー」と共に実行していくのである。

もうひとつ森と信仰の国和歌山県には空海が開いた高野山がある。前に述べた二〇一二年八月に空海が学んだ西安に空海生誕一二〇〇年を記念し全国から高野山を含む五五〇名の宗教関係者と共に訪ねている。高野山ほど歴史上の有名人物の供養塔が立っている寺は他にないであろう。尾張徳川家の供養塔に始まり、加賀金沢、前田利家等々、枚挙にいとまがない。このように前に挙げた熊野参道やこの高野山が証明するように、森の国紀州和歌山は神と人間、死者と仏、そして霊が古来より息づく風土なのである。南方熊楠は日本の森を守り、空海は真言密教を和歌山で開いた。このような二人の天才からも二階俊博は政治家として栄養分を吸収しているのである。

二階俊博の運命（政治家への道）はこのような性格（家庭、人間関係、そして歴史と風土の複合物）によって、もたらされたのである。運命は性格の中に宿っている。政治（外交）は術なりといった陸奥宗光の外交の「術」を「学」として外交論を展開した岡崎久彦の後を継いで外交を「芸」としている二階俊博。そして一方では自然災害津波に立ち向かった濱口梧陵。と後に建設大臣として高速道路整備を主導する遠藤三郎の薫陶を受けた二階俊博。

二階の運命は、こうした人間関係の奇縁によって決められていたのである。陸奥、岡崎、濱口そして遠藤いずれも紀州和歌山に係る人間群であった。

この章のタイトルを二階俊博の「風土」とした理由である。

第三章　二階俊博という「不器」

論語に「君主不器」という言葉がある。通例の解釈では、「君主は用途の決まった器ではない」とされる。これは君主というものは専門的、あるいは何事かに特化するのではなく、広く大きな視野を持つ大人物となるべしと孔子が述べたものだと理解されている。すなわち、君主たるべく人間のありようを説いたものだ。しかし、もう一つこれは政治的な別の解釈なのだが、「君主は、その器を見せず」というのもある。

これは君主あるいは最高権力者というものは、自分の能力だけではなく、性格や趣味に到るまで、人に知られてはならないと理解し、中国のトップは古来常にこれを心して政治を行うのだといふ。

なぜ自分の器量を隠すのかと言えば、もし自分の趣味や好物（女性の好みも含め）等々が、あまねく知れ渡れば、政敵がそれにつけ込んで、思わぬ、贈り物を陰に陽に届けてくる。そのことで政治権力に弱みが生じ、崩壊する。すなわち「君主不器」とは権力者たちが自戒の言葉として胸に秘めているのだと言う。現代の中国政治において、この言葉は決して口には出さないが、権力の座にある者も、権力を目指すものも、常に意識している。したがって孔子のいう「君主不器」を、中国の為政者たちは「能ある鷹は爪を隠す」という格言のように、これを理解実行していると中国の友人が教えてくれた。

中国の政治家が、例えば習近平国家主席が、常に仏頂面で人前に現れるのも、こうした考えに由来しているというのである。そのように説明されると、中国の政治家の立ち居振る舞いがよくわかる。広範囲な民衆の前で、ニコニコ、ニヤニヤするだけで、君主の資質が疑われるのである。しかし、現代のようにインターネットが日常生活に不可欠な道具になれば、君主であれ市井の人間であれ、秘密、噂話は瞬時に人々の知るところとなる。「君主不器」を実践するどころか、君主或いは政治家の正体は常に監視とヒソヒソ話の格好のネタになっているわけで、現代は君主・政治家受難の時代と言えそうである。

ところで、中国において古来より伝わる「君主不器」という政治的処世訓は日本の政治家についても、応用できるであろう。ただ日本における権力闘争は中国のそれに比べれば、その激しさにおいて、残忍さにおいて、比すべきもない。

中国の権力闘争は一党独裁の現代においても、世襲制の歴代王朝においても、一歩でも間違えたなら一族郎党の生命まで失われるわけだから、天下人たるもの細心の注意を払い、政敵となる者らを監視し、自分の弱点を決して知らすことなく務めざるを得ない。

中国にあっては（いや中国に限らずその程度にもよるが）「君主不器」すなわち君主たるものは、その器を見せてはいけないのである。それゆえに、不器である君主どうしが第一章で陸奥宗光が述べた「ただただ知恵のあるもの（君主）どうしでヒソヒソ論じ、愚者にはその内容を知らしめてはいけない」という言葉が思い起こされるのだ。

では日本の最高権力者はどうなるのか。この点に関しては、日本らしい「君主不器」論は存在しているはずだが、極めて分かりにくい。しかし「不器」がどのように、あるいは、どのような政治家のありようにそれが感じられるのかを考えてみれば、日本型の「君主不器」論ができそうである。

二階俊博という、つかみどころはないが、存在感は確たるものを示している政治家のふるまいの中に、日本における「不器」を論じてみたい。

二〇一六年八月三日。二階俊博は第四十八代自民党幹事長に就任した。初代幹事長は一九五五年、いわゆる保守合同により憲法改正を党是とする自由民主党としてスタートする鳩山一郎自民党総裁の下、岸信介であった。

四十八代目の幹事長といっても、三木武夫、福田赳夫、田中角栄、二階堂進、森喜朗、麻生太郎の六名は二回この職を勤めている。そして幹事長から首相にまで昇りつめたのは、初代の岸信介以来、十二名である。因みに自民党の幹事長になっても首相になれなかったのは河野洋平とまだ可能性はあるが谷垣禎一及び石破茂の三名である。

党の要職である自民党幹事長は出戻りの政治家には許されない不文律があったが、出戻りでなったのは第二次安倍政権下での石破茂と二階俊博だけである。石破茂のケースは総裁選において、党員票が安倍を大きくし上回ったこともあり、安倍としては、党員の支持を多く集めた石破を尊重せざるを得なかったからだ。

いずれにしても自民党幹事長は政党政治における最重要ポストであることに異論をはさむものはない。なぜなら、政治家にとっても最も重要な選挙における公認権、そして党内における政治資金、加えて党内における多くの人事権等々を一手に掌握しているからである。したがって、将来、首相を目指す政治家にとって、幹事長こそ一度は経験しておきたいポストということになる。

二階俊博は七十七歳にして、政権与党の最高ポストである幹事長に就任した。これは歴代の幹事長に就任した最高齢である。因みに後に二階と共に自民党を脱党し、新生党を創る小沢一郎は四十五歳の時、第二十六代の幹事長を勤めている。二階が出馬したとき、小沢は選挙を取り仕切る党総務局長という要職に就いている。小沢一郎は二十代後半には政治家になっていることを考えると二階の遅れがよく分かる。しかしその遅れこそが二階の政治家としての運命を大きく変えるのである。政治の神様は二階に対し、国政に出る前、長きにわたる修行の時間を与えたのだ。

政治家のポストには、時々の政治情勢や人材等々、運不運がつきまとうものだが、二階俊博の幹事長就任は歴代の幹事長に比べて、その年齢から、政治キャリアから、党内の派閥構成から、そして首相との距離感からいっても、異例中の異例である。

なぜ二階俊博は七十七歳にして幹事長という政権政党における最高権力ポストに就くことができたのか。

直接的な要因は谷垣禎一幹事長の交通事故による幹事長職の空白が生じたことだとされるのだが、もっと長いスパンで二階俊博の政治家生活の年譜から見ると、そして、二〇一一年三月十一日に発生した東日本大地震後に露出した日本の国土が持つ宿命的な弱点とこれに対して十分な政策判断ができない政治状況とを重ね合わせて考えると、ある運命的な出来事と時代精神が、二階俊博をして、七十七歳という高齢にも拘らず、このポストに就けさせたのではないのか、という想像が湧き立つことを禁じ得ないのである。

どのような運命的な出来事が、そして大地震以後の時代精神がどのようなものか、以下考えてみよう。

大地震の後

この三年くらい、なぜか空前の田中角栄ブームである。書店に出向けば、新刊・復刻版を含めて二十数点もの田中角栄本が並んでいる。田中角栄批判の急先鋒であった石原慎太郎まで「天才」という角栄論を書き一〇〇万部近い売り上げを記録している。今ごろになって、なぜ角栄なのか。「なぜオレをあれほど批判した石原慎太郎までもが天才だと言うのか」と泉下の田中角栄本人が苦笑いをしているかもしれない。二階俊博も石井一の著作出版パーティーで「近頃は角栄先生のことを評価する本が多く書かれているようだが、どうして生きているときにそうしなかったのか」と皮肉を言っている。

この季節外れの角栄ブームは、二〇一六年がロッキード事件発覚四十年ということも手伝っているのがその要因ではあるが、それ以上、「日本列島改造論」という現職の政治家が書いたものとしては空前絶後の大ベストセラーにおいて将来日本の明確かつ壮大なビジョンをブチ上げた「角栄」の政治そのものを懐かしむ、あるいはこのような破天荒な政治家が再び出現して欲しい、という大衆の無意識がブームを起こしている、とはいえるのではないのか。

さらに言えば、これが極めて重要な事なのだが、五年前の東日本の大地震と大津波。そして気球温暖化による気候変動から多発する豪雨、土砂崩れ、更には高度成長期に大急ぎで始まった道路工事、橋の建設、港湾工事等々といった社会インフラの耐朽年数が限界に達しつつある中で発生する、多くの事故。

現代の日本は国土において自然が生み出す地震や水害に対する備えの脆弱性、そして人間が作った道路や橋等の耐朽年数の限界といったように、世界でどこよりも、社会の安定性は保たれていると自他ともに認める中、実のところ国の安全性や安定性については極めて弱いということが国民に広く知られることとなっている。すなわち時代の不安はここに集約されているといえるのである。逆に言えば、災害に強い新型「日本列島改造計画」を待望しているということになるだろう。

角栄ブームとは、日本列島という国土を全面的に改造する大風呂敷であるが、それに匹敵するビジョンをわたしたちは無意識的に、これを待望しているからだと思われる。これが現代の角栄本ブームを生み出した時代精神かと思われる。

二階俊博はそのような老朽化した国土インフラに対する不安。自然災害に対するおののきの時代が到来しているとき「国土強靭化」という、田中角栄が唱えた「日本列島改造論」を補強する構想を持って立ち現れたのである。

世に新しいものはない。孔子の言葉でいえば「述べて創らず」。すなわち、自分が話す言葉は自分のオリジナルではない。先人の言葉を伝えているだけだ。

人間もまた同じである。その人の独創はない。誰か先人の跡を継いでいるだけだ。政治家もまたしかりである。どの政治家であっても、必ず手本があるものだ。しかし、大概の政治家は政治生活において、選挙の結果あるいは彼が属した派閥の事情などによって、手本とした政治家像から逸脱し、何のために政治家になったのか分からないまま、議員バッジをつけている人間が多くいる。

これは、手本とした政治家の選び方を間違えたのか、あるいは彼が政治家を志すべきではなかったのかの何れかであろう。

官僚とどう付き合うのか

二階俊博に話を戻す。これまで述べたように二階俊博もまた、だれか先人政治家の跡を追っているはずだ。その先人とは誰か、と言えば先にも挙げたが、政治家のイロハを教えた遠藤三郎建設大臣や田中角栄及びその影響下にあった政治家たちである。このことは二階の政治生活を年譜から見ても、運命的なものさえ感じられる。

国政に打って出る年齢が四十四歳であることを考えれば、二階の国政デビューは遅い。しかし二階にしてみれば遠藤三郎の秘書として十一年を過ごし、そこにおいて遠藤は二階に対し一人の人間、一人の政治家（この期間、二階は単なる秘書でしかないのだがあたかも同僚の政治家のように）として付き合ってくれたという。二階は遠藤について次のように話してくれた。

「わたしにとって、遠藤先生と過ごした十一年間は、ある一面で政治家生活における至上の時だった。先生は一介の秘書である自分に対しても政策論争をしてくれた。ある時、議論が続く中、今日はこれくらいにしよう。この続きは明日にまたしよう。と言ってもくれた。自分のことを使い走りの秘書ではなく、政治というものが何をすることなのかを教えたかったのかもしれない。先生は福田赳夫先生と、一高、東大の同級生であったので、極めて親しかった。二人はしばしば囲碁をしていた。福田先生以外、大物の政治家とも親しかったので、よく事務所に来られた。そんな時、自分をしばしば同席させてくれた。小泉純一郎総理の父親である小泉純也先生とも縁が出来た。

当時の官僚出身の政治家は立派な人が多かった。なにしろ戦争に敗れ、日本を再建しなければならない。生き残った自分たちの肩に日本の運命がかかっているというわけだからな。自分はそういう政治家たちを直に見ることが出来た。これも遠藤先生のおかげだった。人間の運命というか、縁というか、福田赳夫さんの息子の康夫さんや小泉純也さんの息子の純一郎さんは後に首相となり、自分はその二人に仕えることになるわけだからね。自分が自民党に復党する世話をしてくれたのが、小泉純一郎さんと福田康夫さんだった。とりわけ小泉さんは二階さん、もう一度自民党でチャレンジしてよと強く言われましたよ」

二階は役人がいかに国家のためによく働いているかを、遠藤三郎との付き合いで知っていた。だったらそうした役人に対し二階はどのように労をねぎらっていたのか。

四年前、二階が衆議院予算委員長であったとき、二階は史上最速で予算案を通過させた。喜んだ麻生太郎財務大臣が翌日、二階にお礼の夕食会の席を設けるという話をした。すると二階は、

「大臣、わたしは予算委員長としての仕事をしただけで、苦労したのは財務省主計局長の香川俊介君だ。彼を招待してください」

と言った。だったらその香川主計局長と三人で食事をしようということになる。

なぜわたしがこんな秘話を知っているかといえば、その夜わたしは赤坂で、香川俊介とバッタリ会ってしまったのだ。香川俊介が「石川さんもご一緒ですか?」といわれ、この話を香川から直接聞いたのである。

数日して再び香川に会うと、

「予算が成立した翌日、大臣と予算委員長二人から主計局長が招待されるなんて財務省の歴史にないことだと思う。二階先生はそこまでしてオレたち役人のことを考えてくれていたのかと本当に感激した」

と言ったのである。この事を二階に伝えると、「予算というものは政治にとって最も大きなテーマだ。その予算案を主計局長たるものは骨身を削って予算査定をするわけだから、彼らの労を

ねぎらうのも我々政治家の仕事だよ」と言った。

わたしは香川俊介からこの話を聞くまで、真の政治家というものが人知れずに、そんなことにまで心遣いをするものかと感心した覚えがある。これも二階が役人出身の遠藤三郎を通して知った政治世界の一端ということになるだろう。二階はさらに続けた。

「自分が遠藤先生の秘書として秘かに誇りとすることは、先生は病に倒れながらも、選挙に勝ち続けることができたことだ。秘書の最大の仕事はお仕えしている先生を当選させることだからな。政治家が病のため議席を失うか、引退するのではなく、現職議員のとき亡くなる。政治に命を懸けていた先生には悔いがなかったと思う。惜しむらくは先生は六十代の若さで亡くなった事だ。自分は先生とともに十一年間過ごしたが、この時間は私の財産だと思う」

二階は師と仰ぐ遠藤の死を見送った後、生まれ故郷で県議会に出馬するとこになるわけだが、国政で大臣を務めた政治家の下で耐えられた二階にしてみれば、県議会は小さな働き場所でしかなかったであろう。二階は遠藤三郎についての思い出話をするときは決まっていい顔になる。一人の政治家に十一年も仕え、その間には、嫌なこともあったかもしれないが、二階は遠藤三郎に対しては感謝しかないという。二階の遠藤に対する思いは第二章で紹介した二階の文章によく表れているだろう。このような政治家と秘書の関係は永田町にあっては奇跡的なものかもしれない。それゆえに二階の心のどこかに幹事長、いや国政の議員バッヂをつけた自分の姿を遠藤三郎に見せたかった、という思いがあるように見えるのである。

二階俊博国政へ

さて、二階俊博が国政に打って出るのは昭和五十八年（一九八三年）十二月十八日の中曽根康弘首相による、いわゆる「田中角栄判決選挙」。時に二階俊博四十四歳。世襲の政治家であれば三十代の前半くらいには議員バッジをつけていることを考えれば国政の政治に出馬する政治家としてはずいぶん遅い。しかし、二階俊博にしてみれば、この遅れこそ、あるいは遅れざるを得なかった下積み生活の長さが、逆に政治家としての師との出会いと、出会った後に、何をすべきかをすでにイメージ出来ていたことで、運命的ですらある。

今太閤ともてはやされ、中等教育しか受けていなかった、一代の政治家田中角栄がロッキード事件という、いまだに謎の多いスキャンダルで失脚し、長い裁判闘争下にあって、この年の十月十二日、有罪判決が出たばかりに行われる選挙に二階俊博は立候補したのであった。

田中はロッキード事件が発覚後、昭和四十九年首相の座を退任しているが、その後も裁判闘争をしながらも、派閥の数を拡大し、闇将軍というニックネームをつけられながら復権を画策していたが、一審とはいえ有罪判決が出てしまった以上、復権は絶望的であった。

二階にしてみれば、国政に出馬するに当り、田中の門をくぐる事を決めていたわけだが、有罪判決が出たことで田中の政治生命は一応の終わりが告げられた。

そこに入れ代わるように、二階は国政政治家としてデビューするのである。後の二階の政治手法を見ると「死せる角栄、二階を走らす」ということになる。この事は後にも触れる。

二階が唱えた「国土強靭化」とは、これは前にも述べたように、突然二階が言い出したわけではない。東日本大震災が発生する以前から、政治的同志と共に国土強靭化の勉強会を行い、議員立法提出を考えていたのである。いや、故郷和歌山県の偉人、濱口梧陵の業績を幼少のころより知った二階にしてみれば、この法案は二階の運命であり、人生そのものであった。

話を元に戻す。二階俊博は幹事長に就任した後、二人の政治家の墓参りをしている。政治家は冠婚葬祭には極力出席するものだ。そして派閥の親分や師とした政治家の命日などには、必ずと言ってよいほど、墓参りをする。そこで手を合わせ、政治家として報告をする習わしがある。この風景は大物と言われる政治家ほどニュース映像としてメディアにも報道される。

二階俊博も同じように師と仰ぐ遠藤三郎と金丸信の墓前に出向いた。これは例年行っていることであるが、遠藤三郎の墓に幹事長就任を報告する事は、先にも触れたが、なぜ遠藤三郎と同じように金丸信への報告なのか。二階俊博が与党野党を問わず、いやそれどころか落選中、またはとっくに政界を引退した元政治家に到るまで、人知れず交流を続けていることは、政界における常識となっている。この付き合いの深さと面倒見の良さこそ、人間二階俊博の財産なのだという人もいる。

金丸信が評価した二階

それにしても、なぜ二階にとって金丸信なのか。金丸信は、まことにつかみどころの無い政治家である。彼が国会において質問に立ち、大衆をうならせる演説を行ったという形跡はないし、彼が自らの政治論をぶったという書物もない。にもかかわらず、金丸信という政治家の存在感と威光というものは、田中派そして後を継ぐ竹下登派にあっても、ひときわ目立ったものであった。小沢一郎もこの金丸信を背後霊として威力を高めていた。

その様な複雑怪奇の政治家金丸信と二階俊博には、どのような関係があるのか。二階俊博が国政の政治家として田中派からデビューした後、二階に最も注目したのが、この金丸信であったが、このことを知る人間は極めて少ない。

ここで第一章で触れた外交史家として知られる故岡崎久彦から、わたしが直接聞いた秘話を紹介したい。もう十年以上も前の事だが、わたしは岡崎久彦とある外交雑誌で対談をした。その対談が終わり雑談が始まったのだが、岡崎は意外なことを話し始めた。

「自分は意外と思われるかもしれないが、金丸信さんとは深い付き合いがある。これは金丸さんが防衛庁長官になられたころ、外務省として誰かが相談役というアドバイザーが必要だとのことになった。なにしろ防衛や外交にかかわれることであるし、とりわけ日米同盟にもかかわることだから金丸さんのように、その分野での知識や経験が極めて不足している長官にはコーチ役が必要となると役所は考え、そこでわたしがその役回りを引き受ける事になった。

色々と防衛問題について話し合ったが、あるとき金丸さんは面白い話をしてくれた。

『岡崎君な、いま田中派の全盛時代で、派閥のメンバーは百人を超えている。そんなわけだから、我こそは田中の後継者だとうそぶくものが多い。マスコミは、田中派七奉行だの十何人衆だのといって、小沢一郎、羽田孜、奥田敬和、渡部恒三、綿貫民輔、竹下登、小渕恵三、梶山静六等、多くの名前が上げているが、田中派の中で一番いいのはメディアでも世間でも派閥の中でも、全く無印、ノーマークの二階俊博という新人議員だ。これは間違いなく将来大成するから、君が付き合ってくれないか』そのように金丸さんは言ったんです」

この時、二階は当選一期でキラ星のような田中軍団にあっては、知名度から言っても二軍どころか、二軍養成選手ぐらいの存在でしかない。

企業名に「無印良品」というのがあるが、大派閥という商品群（政治家）の中で、金丸信からすれば、二階俊博こそ田中派という超ブランド商品群にあって「無印」だが「良品」であると見抜いていたことになる。岡崎久彦は金丸信から言われたよう、二階に注目し、死の直前まで秘かに二階との交流を続けていた。金丸信によって二階俊博の存在を強く意識するようになった岡崎久彦だが、前にも述べたように、岡崎久彦は陸奥宗光の親戚である紀州藩士岡崎邦輔の孫で、二階家は岡崎家の墓守をすることとなる。「そういう縁もあって、私は二階さんに頼まれると、グループの研修会などに出席し話をしたものです」

と岡崎は語ってくれた。

では岡崎久彦は二階グループの研修会で、どのようなスピーチをしていたのか。二階俊博は「国土強靱化」について、多くの研究会を開催し、三冊もの本を刊行しているが、観光行政についても、定期的に研究会を開催している。

岡崎久彦は専門外の「観光」について、二階の要請を受け、平成十九年六月五日の「新しい波」研修会で「観光の国際戦略」と題し、次のように二階について語っている。この平成十九年（二〇〇七年）。国会は「年金問題」で大荒れの時で、岡崎はこの点についても言及している。

二階先生のこういう立派な会にご招待いただきまして、どうもありがとうございました。二階先生にはもう、私の先祖以来いろいろお世話になりまして、ほんとうにお礼の申し上げようもございません。それよりも私、最近驚いていますのは、よく国会であれだけたくさんの法律が通りますですね。あれは、今までの内閣でいえば一内閣一本ぐらいの重要法律を、もう何本通されたかですね。それで伺うと、やっぱり二階さんのご努力だというんですね。それで二階さんがどうしてそんなに能力がおありかと聞いたら、やっぱり誠実だからだろうとおっしゃるんですけどね。多分そういうことだろうと思います。

だから、年金問題なんて言うのは、あれは新聞は政府の悪口を書いておりますけれども、悪いのは今までの人で、今まで何もしていないであれだけほっておいたということが悪いので、今の人はこれを直す法律をつくろうとしているわけですね。ですから、これはほめられこそすれ、非難されることは何もないのでありまして、それの本質論をほんとうに何というか、誠実におっしやるから、おそらく公明党でも何でもついてこられるんだろうと思います。

今日は観光の話、ただ私は観光は専門ではございませんので、二階先生は中国とも非常に関係が深うございますし、それから二階先生のおかげもありまして、今、日中関係は大変いいんです。ですから中国との観光は大丈夫だというお話をしようかと思ってまいりました。

もともと私の中国に対する態度と、二階先生の態度はこれ違うということになっているんですね。みんな一体どうしておまえは二階さんと一緒にやっているんだということを聞かれますけれども、ほんとうに私は二階さんの態度には打たれました。一時、二年ぐらい前でございますか、二階先生が江沢民の碑を建てるという話で、それでかなり問題になっておりました。

そのとき私は、別にその話を私から言ったわけではありません。二階さんと会ってお話をしておりましたら、とにかく日中関係をよくするためには日本から何千人の人を集めて、それで北京の人民大会堂でもって五千人以上の大集会をやるんだと。それをやれと言われたのでやったんだと。ついにそれだけの人間を集めて北京に行った。そこで集会が成功するかどうかは、その場に江沢民があらわれるかどうかにかかっていた。それはそうでしょうね。そうしたら、江沢民が胡錦濤を連れて出てきたんですね。それで感動して江沢民さんに書を書いてもらって、それを碑にするんだとおっしゃった。これはもう、どんな人間でも、だれも文句言えないです。立派なことですね。

特に小理屈言われないですね。つまりアメリカも大事だけれども、中国も大事だとか、漢民族も大事にしろとか、日米中は三角関係でなければならないとか、そういう小理屈はもう一切おっしゃらないですね。だからおっしゃったことは、誠実な内容だけおっしゃったわけですから、これは打たれますし、何も反対申し上げることはございません。

おそらくそういう誠実さでもって今の政治をやっておられるんだろうと思います。これからもまだまだ、今国会だけではなしに、来国会、今度は集団的自衛権の問題が解決しますと、防衛関係の諸法を全部改定しなきゃいけないですね。これまた大きな話になりまして、これはまたぜひ二階先生にお願いしたいと思っております。

岡崎が言及している二〇〇〇年五月における江沢民との会見については、第五章で詳しく述べるが、岡崎が二階を評価する理由として「アメリカも大事だが中国も大事だ。日米中は三角関係でなければならないとかといった小理屈を言わない」二階はあくまでも、相手に対し、誠実に付き合おうとしている。こうした二階の外交的態度を評価しているのである。

二階に岡崎についてたずねると、

「岡崎先生の話は、理屈が多い……。もちろん大いに参考になるが、外交は理屈だけで出来るものではないからね……」と笑いながら言う。

その岡崎は数千人の前で、二階について語ったことがある。

八年くらい前の事だが、二階グループのパーティーが開催されたとき、岡崎久彦は講師として出席し次のように冒頭で話した。「ここにお集まりの皆さんは、親中派の代表、二階俊博先生のパーティーに、親米派といわれ反中派の代表だと思われている自分がスピーチをするという事に

驚かれておることでしょう……」岡崎の言う通り、パーティー会場に集まっている出席者たちは岡崎のスピーチが始まる前から、

「どうしてあの岡崎先生が二階グループの会合でスピーチを？」

とヒソヒソ話を交わしていたからである。岡崎は続ける。

「親中派といわれる政治家たちの対中国との付き合い方について、わたしは認めがたい事が多々ある。しかし同じ親中派といっても、二階先生の中国との付き合い方に限っては、認めるし、評価したい。二階先生は、中国に対して、相手の要求を飲むものの、それを逆手にとって相手に対しこちらの要求もちゃんと飲ませる。すなわち、元を取って帰ってくる。対中国を相手に、こういう芸が出来るのが二階先生だけである」

わたしはその時このパーティーの末席に参加していたので、岡崎久彦のスピーチ内容を覚えているので、再現してみたわけである。

一代の論客岡崎久彦が政治家のパーティーで、このようなスピーチをしたのは、最初にして、最後かもしれないが、今にして思えば、先に金丸信と岡崎との内緒話を紹介したが、岡崎にしてみれば、二階俊博を認めた金丸信に対する想いもあって、多くの参会者の前で、二階俊博について話してみたかったのではないのか、と思われるのである。岡崎が言った「二階先生は、中国に行っても、御用聞きだけではなく、元を取って帰って来る」と言った意味は第五章で紹介しよう。

岡崎以外に金丸信に「二階が一番いい」と伝えられたもう一人の人間の話も紹介したい。ロッキード事件で失脚する全日空の若狭得治社長もあるとき金丸信から、

「若狭君、二階俊博という新人議員がいる。これは大成するから君は付き合ってくれ」と頼まれたという。この話は当時の若狭社長の下で働いていた全日空の社員から聞いた。おそらく、他にも金丸信はその理由も詳しくは説明せず無名の二階俊博を「二階俊博に注目せよ」と売り込んでいたと思われる。金丸信と若狭得治の関係は金丸信が運輸政務官のときの運輸事務次官がこの若狭得治で、若狭は後に全日空の社長となる。

それにしても、複雑怪奇な政治家金丸信をして、田中派の中で一番いいのは二階俊博だと言わしめた、二階俊博とはいかなる政治家というよりは、二階の何が金丸信にそのような言葉を吐かせたのか、である。これについては本書のところどころで触れる事になるであろう。

ここでしばらく金丸信について、余談をしたい。金丸信も本章で考えている「不器」の一端を理解するために必要な政治家と思われるからだ。

金丸信はどのような人間観を持っていたのか。ずいぶん前の事だが、金丸信番のある新聞記者から以下のような話を聞いたことがある。金丸信が自民党国対委員長のときのエピソードである。社会党の国対委員長は田辺誠。国会が始まっていても、始まる前であっても、各党の国対委員が裏で内々の話をするという国対政治全盛のころの話である。あるとき、金丸は田辺に次のように頼み込んだ。「国会が白け切っている。これでは国民も政治に失望するし、何よりも面白くない。そこで頼みというのは他でもない。この法案審議の時、社会党に少しばかり暴れてもらいたいんだ。議長席に、議員がなだれ込むなり、時にはわが党の政治家の胸倉を掴み、ワイシャツのボタンが飛ぶくらいの事があってもいい。派手に暴れてくれないか。お礼は用意する……」

これに対し社会党国対委員長田辺誠は「分かった。やってみせましょう」と答える。

現代でも、例えば安保法制案の採決時や予算委員会といったテレビが中継する時間帯であるなら、なおさら、議長を取り囲むように野党議員が議長や大臣席に向け走り出すと、待ってましたとばかりに、与党側議員がこれを阻止せんと乱闘が始まる。これが国会の昔も今も変わらぬ儀式である。

現代ではこれを阿吽の呼吸で与野党の政治家は実行するのだが、金丸信に限っては、

「国民も退屈してしまうからひとつ暴れてくれないか」

というのである。まさに芸として政治の極みと言えるのではないか。金丸信の人間観は、そうした混乱をあえて自為的に作り出す才能にあるかもしれない。

話を金丸と田辺に戻す。田辺は金丸に依頼されたように、国会審議中に、社会党の国対系の政治家に議長席に突入を命じる。頼まれたこと確かに実行はしたのだが、なにしろこれは「ヤラセ」の突入であるから、本気で与党議員の胸倉を掴むにしても迫力がない。そんなわけで、国民が期待（?）しているような、乱闘とはほど遠い結末となった。その結果金丸と田辺の関係はどうなったのか。

これが金丸信なる政治家がいかなることを最重要視しているかを証明する以下のエピソードとなる。田辺は、金丸信から国会乱闘の軍資金をすでに受け取っていた。田辺は金丸を訪ね次のように言った。

「金丸さん。アンタに頼まれたように、やるだけのことはやったが、どうも期待されたような

大立ち回りとは、ほど遠いものになってしまった。したがってアンタが渡してくれた軍資金を半分返す」

と言った。

驚いたのは金丸信の方だ。派閥の親分が子分筋の政治家にお金を配った後、

「親分、期待通りの働きができませんでした。よって半金を戻します」

なんてことを言う政治家は一人もいないであろう。それどころか「もう一声」といって、更なる上乗せを暗に求めるであろう。恐らく金丸信はこうしたやり取りを多く経験していたはずだ。しかし田辺誠は政界常識とは真逆のことを実行したのである。

わたしがこのエピソードを紹介するのは、この手の内々のお金を使った国対政治の内幕を暴露するためではない。頼まれた仕事の半分もできなかったので半金返すといったその田辺を、

「ウーン、田辺は立派な男だ。田辺は信用できる」

と言う。金丸信の人間観を語りたかったからである。

政治の世界とはどこの国にあっても「裏切りの世界」の別名でもあろう。大きく裏切ったものは勝ち残り、小さく裏切ったヤツは失敗する。これも権力闘争を繰り広げている政界の常識である。したがって、政治家という生き物は、いつ寝首を掻かれるかわからないので、猜疑心が強く、「信用できる男だ」という言葉はめったに使わない。信用したと言った男に裏切られるということは自らにふり返ってくるからである。この簡単に言えそうで、実は言えない「信用できる男」という言葉を、この時の田辺誠につかった金丸信の人間観あるいは、眼力の根拠がよく現れている。

このような信頼関係があって、後に有名となる「金丸信・田辺誠訪朝団」が一九九〇年九月結成される。これは金丸信を語る上で極めて重要なミッションであると共に今日に到るまで打開策が見出し得ない対北朝鮮外交の可能性を暗示しているので、外交論が専門の宮城大蔵の『現代日本外交史』(中公新書)を引用して論をすすめたい。以下の文章を読めば日朝の国交が成立する可能性のあったことを「金丸・田辺訪朝団」は暗示しているからである。

日朝関係打開の動きは、竹下登政権のころから始まっていた。その契機となったのは、韓国の盧泰愚大統領が一九八八年七月に、韓国は中ソとの外交関係樹立を目指すとともに、北朝鮮が日米などと国交を樹立する「南北クロス承認」につながる考え方である(この後、韓国は九〇年にソ連、九二年に中国と国交を結んだ)。これによって日本政府は韓国に気兼ねすることなく、北朝鮮との関係改善に乗り出すことが可能になったのである。

その直後から日本側は、大韓航空機爆破事件(一九八七年)以来とっていた北朝鮮に対する経済措置を解除し、竹下首相が国会で「我が国は、北朝鮮を敵視するといった政策はとっておりません」と答弁するなど、北朝鮮に向けて改善のサインを送り続けた。とりわけ積極的だったのは安倍晋太郎で、安倍は中曽根政権の外相であった際に発生した第一八富士山丸事件の解決に強い意欲を持っていた。

この事件は一九八三年一一月、冷凍貨物船・第一八富士山丸が北朝鮮を出港後、船内に朝鮮人民軍の兵士が密航のため潜んでいるのを発見し、この兵士が日本で亡命を申請したことで始まった。第一八富士山丸は、その後北朝鮮に入港した際に抑留され、船長ら二人が北朝鮮当局によってスパイ容疑で逮捕、投獄された。

安倍は二人が戻って来るなら「俺が平壌に乗り込んでもいい」という決意だったというが、事態は膠着し、安倍も病に倒れた。

この問題の解決に向けた難しさは、そもそも日朝間に外交関係がないことであった。そこで北朝鮮と長年にわたる友好関係を築いていた社会党がパイプ役となり、船長らの解放を目的の一つとして結成されたのが金丸訪朝団であった。

訪朝した一行に対して金日成国家主席は容易に姿を見せず、まず夕刻に二万人のマスゲームで歓迎。それが最高潮に達したところで急遽、平壌から夜間の移動を告げられ、到着した郊外の保養地で翌朝、議員団はようやく金日成に面会を果たした。会談後の午餐では金主席が日本側の一人一人と乾杯を交わす歓待ぶりであった。その後平壌に戻る直前となって、「主席が、ぜひ金丸先生と二人だけでゆっくり話をしたいと希望しているので」と言われると、金丸は「たっての希望と言われて残らないわけにはいくまい」と、秘書と護衛のみを残して単身もう一泊する。帰路の車中で金丸が残ったことを聞かされた議員団からは、「団長は拉致されたんではなかろうな」と、「ドキッとするような冗談」も出たものの、「おおらかなもの」であった。

金丸・金会談は、都合五時間に及ぶ長いものであったが、金丸によれば外交交渉というよりも、お互いの苦労話など、老成した政治家による談論風発の趣であった。それでも金丸は「不幸な過去に対して率直に申し訳なかったと詫び、できる限り償いたいという誠意」を伝え、金は「戦後日本が歩いてきた道は正しかった」「アジアのことはアジア人で解決していこう」と語り、長い会談の最後に第一八富士山丸の二人について、金日成から「良い結果が出るでしょう。法律は人間が作るものですから」との言及がなされた。

一方で平壌に戻った議員団に対して北朝鮮は、日朝国交正常化のための政府間交渉を開始したいと伝えてきた。それまで北朝鮮は一貫して「二つの朝鮮」、つまり日本が韓国・北朝鮮の双方と国交を樹立することは、朝鮮分断を固定化するものだと反対していた。北朝鮮による大きな方向転換だが、それは韓ソ国交樹立への対抗策でもあった。そして自社と朝鮮労働党との「三党共同声明」を文書で出すということになった。しかし日本側からすれば「こっちは共同声明の原案をつくってもいない、しかし（朝鮮）労働党がちゃんと用意していましてね」「それをどんどん修正するということで会議を始めました」という泥縄式であった。

その中で最大の問題となったのは、「戦後の償い」であった。戦前の植民地支配について日本政府は（韓国に対して）「日韓国交正常化」（一九六五年）の際に、「経済協力」を行っている。ところが北朝鮮側は植民地時代のみならず「戦後」、すなわち戦後日朝間に国交がなかったことについても、「償い」を求めてきたのであった。

日本側はこれに強く抵抗して徹夜の交渉となったが、最後は金丸が「俺が全部泥をかぶるから」で押し切った。金丸によれば「三十八度線で分断されていなければ、韓国と同時に北朝鮮にも植民地支配に対する償いができた。その支払うべきカネを今日まで遅延したことに対して、色を付けて誠意を見せるという考え方もある」との判断であった。

結局「三党共同声明」には戦後についての「償い」のほか、早期の日朝国交樹立などが盛り込まれた。第一八富士山丸の乗員二人は一〇月に釈放され、七年ぶりの帰国を果たしたが、日本国内では戦後についての「償い」に対する批判が相次いだ。

金丸・田辺訪朝団のことは、すっかり忘れられているので、長々と引用したが、宮城が述べているように、この時、日朝は会話が十分に可能な関係になりつつあり、金日成北朝鮮国家主席との会談において日朝国交正常化が議論されていたのである。また植民地支配に対する償い金についても、日韓が国交正常化するとき約二兆円程度の賠償金を払っていたので、これに準じ金額を答えていたという。このような話し合いの結果、その時の金日成は本気で日朝関係改善を考えていたようだが、どういうわけか中座してしまい、それどころか、金丸信は金日成からもらったとされる金の延べ棒が発覚し、脱税事件に発展し、政治生命を失うことになる。

金丸信が失脚したころ、ある政治家が「金丸先生は、金の延べ棒やら割債、株券などを大量に保有していたらしいが、金丸先生は、それを私財としてではなく、その財産を賠償金の一部に使うつもりだったと思うね」と言っていたが、その言葉を聞いて、金丸ならやりかねないとわたしは思ったことがある。国が払うべき賠償金の一部を私財で払うことまで考えていた金丸信。存命中なら是非とも質問してみたいものだ。

さらに金丸信について触れたい。金丸信はこれまで述べたように脱税で起訴されたこともあって、すこぶる評判が悪い。しかし政治家にとって重要な「腹が据わっている」という資質は大いに評価すべき点だと思われる。金丸信が山梨県会議員であったころ、収賄容疑で取り調べを受けている最中、証拠の書類を見せられた。すると金丸信は「どれどれ」と言って、なんとその紙を丸めて飲み込んでしまったというのである。文字通りどんなものでも腹に飲み込む政治家だったわけだ。

もう一つ、ロッキード事件の裁判のころ、小佐野賢治が「記憶にありません」「記憶にございません」と何度となく国会証人の席で有名になったが、近頃でも政治家は「記憶にない」を繰り返す。金丸信もしばしば問い詰められていたが、金丸も「記憶にない。記憶にない」を連発した。たまりかねた質問者が「記憶にないとは何だ」とさらに問い詰めると、金丸は「いろんなことを記憶していたのでは、政治家なんてつとまらない」

という名セリフを吐いている。

金丸が言わんとしたことは、政治家という商売には人に説明のつかないいろんなことがある。都合の悪いこと（しかしこれは時には政治にとって重要なことだ）なんか覚えておいてはいけないのだ。したがって覚えているようでは政治家はつとまらない。という意味かと思われる。このセリフ、第一章で紹介した陸奥宗光の言葉に通じるものがある。ペラペラ喋る政治家が多くなった今となれば、金丸信は何と立派（？）な政治家だったことか……

金丸と田辺による訪朝団について二階に質問すると、二階は

「北朝鮮との事は、金丸先生のような、懐の大きい人物でないと解決は難しいかもしれないな。金丸先生は甲州商人的なところがあったので、交渉も先生の商才によって進められたのではない

かな。そもそも外交は商才のあるなしで成果が現れるものだからね」

とだけ答えてくれた。金丸信について知ることの多い二階らしい感想ではないか。小泉純一郎による電撃的な訪朝もそうだが、対北朝鮮交渉はよほど腰のすわった政治家以外無理かもしれない。

そのような商才を持つ金丸信が岡崎久彦に「二階俊博が田中グループの中で一番いい。大成する」と言った。二階の何が金丸信に、そのような感想、あるいは印象を持たせたのか。

この点を二階に質すと答えは意外と簡単であった。

二階が二度目の当選して間もなく、昭和六十三年（一九八八年）七月二日。金丸信を団長とする超党派の「日本トルコ友好親善使節訪問団」が結成されることになった。

明治二十三年（一八九〇年）九月十六日和歌山県沖合でトルコの軍艦が暗礁に乗り上げ、遭難し、乗員六五〇名のうち五八一名が死亡する海難事件が発生した。和歌山県の漁師たちが救援に駆けつけ多くの人命を救う。これは二〇一六年『海難』というタイトルで日本・トルコ合作の映画になるのだが、この年（一九八八年）は日本・トルコ修好一〇〇年を記念し、トルコ訪問団が結成されるのである。

そこで団長の金丸信は先に挙げた和歌山県沖の有名な海難事故のこともあり二階にその和歌山が出身地だからという理由で団の事務局の仕事を任せた。

この時、二階が黙々と仕事をこなすその手際の良さが、金丸信に強い印象を与えたという。わたしは二階にその点をたずねると、

「自分が裏方としてやったことはしゃべりたくない。自慢話をするようでいやだからね」とだけしか二階は語らないのだが、旅行に当たっての二階の手際の良さが金丸信に強い印象を与えたことは間違いない。

若手議員に、難しい後方支援の仕事をさせる金丸信の直感も素晴らしいが、それをそつなくこなす事ができたのは、建設大臣に若くしてつかえていた二階にしてみれば、それほど難しいことではなかったはずだ。

金丸信は、このトルコ訪問について、二階俊博が編集した『友好百年の絆』と題した小冊子で、二階について次のように述べている。

「空飛ぶシルクロード」日本からトルコへの航空路線開設推進と、ヨーロッパとアジアを結ぶ第二ボスポラス橋の開通式に出席のため、六三年七月二日より七月八日までの間、全日空のジャンボ機をチャーターして、総勢三〇〇名のメンバーでトルコ国を訪問しました。

国会議員三十名、各界からの参加者二七〇名で、私がその団長で、二階俊博代議士は事務局長を務めてくれました。

この度「二階俊博君を励ます会」の開催に当たり、実行委員の皆さんによって、イスタンブールへの旅のレポート〈友好百年の絆〉をまとめられました。

二階君の選挙区はご承知のように、和歌山県第二区でありますが、『ここは串本、向かいは大島』という有名な民謡串本節があります。この串本町の大島の沖(樫野崎)で、今を去る九十九年前、トルコのエルトゥールル号という軍艦が台風に遭難、沈没致しました。乗員六五〇名のうち五八一名が死亡するという大事故であります。その際、串本町の旧大島村の人々が、深い人道的立場から助かった六九名の介護に当たり、親切をほどこしました。このことが一〇〇年を経た今日もなお、トルコ国民の胸の中に焼きついており、しばしば私も串本遭難の際の感謝の言葉に接しました。

そんな関係で、二階君は昨年も、スポーツ文化交流使節団の団長として、アフリカのチェニジア、カメルーン、コートジボワール等の訪問を終えた後、私の親書を携えてトルコ国を訪問、小松宮殿下訪土一〇〇年記念事業として、バレーボールの親善試合、マンドリンコンサート、生け花のデモンストレーション等を行い、同時に多くの要人と接して参りました。

金丸信

この時、ケマル・オル土日友好議員連盟会長をはじめ、多くの政府及び議会の有力者から、日本とトルコの航空路開設に関する強い要望がありました。

その後、二階君はトルコ側の要望に応えるため、関係者に呼びかけ日本—トルコ航空路線開設に関する委員会（渡部恒三委員長）を結成、自らその事務局長として活動して参りました。

今回のチャーター便の計画についても大変熱心に努力をしてくれました。

このレポートは日本とトルコの友好親善、さらに和歌山県及び串本町とトルコとの間が一層近いものになり、日本とトルコがまさに「遠くて近い国」として理解を深める上でも参考になるものと信じます。

この訪問団結成の前にも、二階はトルコに出かけ、下準備的なことをしていたのである。これをそつなくこなす二階に金丸信は目をつけたことは当たり前といえば当たり前かも知れない。

金丸信が、新人の二階にトルコ訪問団の事務方をさせたやり方は、先に述べた訪朝団を組織するとき、その事務方のトップにこれまた当時は無名であった武村正義（後にさきがけの党首）を選んだことに似ている。

その時の武村は、滋賀県知事から衆議院議員になりたての五十歳を超えた新人代議士で、派閥は安倍派である。

しかしこの武村正義は滋賀県知事の時、琵琶湖マラソンに北朝鮮のランナーを招待するため、平壌を訪問したのだが、何と金日成が突然会見するということになり、一時間余り話し込んだ経験を持っていた。

そういう新人議員を一大訪朝団の事務局長に金丸信は抜擢したのである。金丸信は二階であれ、この武村であれ、新人ではあっても、これだ、と思われる直感（眼力）で人選したことになる。

現代の政界にはこうした金丸信的な人物は絶滅したのかもしれない。

金丸信も、日本型の「不器」といえる政治家の典型ではないのか。

武村正義の名前を出したので、少し余談をしたい。金丸信によって訪朝団の事務局長の役を与えられた武村はそれだけで大きな嫉妬心のウズに巻き込まれる。というのも武村だけが、金日成に既に会ってもいたからだ。武村が細川政権ができると官房長官、さらに大蔵大臣にまで登り詰めると、武村に対する嫉妬心は更に強くなる。武村正義という大きな器は、政界の嫉妬心によって潰されたような気がするのである。

金丸信によって見出された二階と武村は、後者は嫉妬心に対する不用心で、前者は「政治家が常に心すべきは、誰かを嫉妬する心を持たないようにすること。更に難しいのは、嫉妬されないように用心することだと心している」がゆえに生き延びていると思われる。

話を元に戻し、もう少し政治家の猜疑心について触れたい。田中角栄の心の支えともいうべき人間に、佐藤昭という女性がいた。わたしはある縁があってこの佐藤昭と数回会う機会を持った。田中角栄が亡くなり佐藤昭も政界の中心から離れ、来客もすっかり無くなっていた頃である。わたしが自己紹介するや、開口一番、

「石川さん、あなたは神奈川県の参議院選挙でさきがけから出馬し、二十〇万〇千票で五位でした。投票率は史上最低の〇〇%。あなたの選挙のやり方ではとても勝てませんよ……」

佐藤は本人のわたしですら忘れている正確な獲得票。そして選挙戦術まで詳しく知っていたのである。

「どうして、そんなことまで……」

「ひまですから、選挙になると、各地の選挙事情を分析していたのです」

と佐藤は答えた。

田中角栄が全国の選挙区事情に通じ、どこそこの選挙区のA候補は二万票足りない。これはかくかくしかじかすれば何千票は上乗せできる。またD県のB候補には、あの団体の組織票を付ければ勝てる。等々、田中は全国の選挙区事情が手に取るように分かっていた。これはもう一つの田中角栄伝説といわれるものである。

佐藤昭は、その田中のパートナーとして、同じように選挙区事情が分かっていたのである。佐藤は

「田中は時間があると、日本地図を見ながら、この選挙区は危ない。いまから手を打たせないと。この選挙区には現職の引退も近いから新人を捜さないと……。そんなことばかり話していました」

と付け加えた。

佐藤昭を紹介してくれた人が、わたしの事をすでに話してくれていたこともあり、佐藤はわたしに、幾分かの親しみを持ってくれていたらしく、佐藤は多くの角栄秘話を話してくれた。この秘話については、本稿とはズレてしまうので、これ以上は触れない。

しかし、田中角栄が巨大な派閥を作ることができたのは、佐藤の話にあるように、田中が全選挙区の事情を、当該地区を選挙地盤とする地元の政治家以上に、よく知っていたことが、田中の権力の源泉であった。という事だろう。

佐藤の話で印象に残るものがある。それは小渕恵三について話したことだ。田中が亡くなった

後も、佐藤の元に、定期的に田中派の政治家たちが訪ね、政界事情を説明に来ていたという。「ママ。ママ。といって、橋本龍ちゃん、小渕の恵ちゃん、羽田のツトムちゃん……」佐藤は、そうした政治家を「ちゃん」づけで呼んでいた。角栄なき後の田中派は佐藤昭ママが支配する「母子家庭」ではないか、とその時わたしはおもったものである。佐藤が語る田中派の政治家の秘話で、この章で述べている「不器」に係る政治家のエピソードを紹介したい。

あるとき、佐藤の元に小渕恵三が訪ねて来た。

「ママ、自分はいよいよ首相を目指すことに決めた。どんな準備を始めたらよいのか……」

これを聞いた佐藤は、

「ぶっちゃん。そんなこと考えるものではありませんよ。田中も、あなたの人柄や誠実さは十分に認めている。わたしには、小渕には一回くらいどこかの大臣をさせたいと評価していたけど、首相なんて……」

と返事をしたのだという が、わたしが会ったとき小渕恵三はすでに総理大臣になり、この世の人ではなくなっていた。

「今にして思えば、ぶっちゃんは、誰にも自分の野心を知られず、ずっと田中派の日陰者を演じていたかもしれない」

佐藤は微笑を浮かべながらそう言った。小渕恵三は自らを「ビルの谷間のラーメン屋」と言っていたが、これは群馬県の選挙区にあって中曽根康弘と福田赳夫という二大ビルの間で、三議席目のみを目指して屋台のラーメン屋がチャルメラを吹いて、票を集めざるを得なかった自分の政

治生命を、自虐的に語ったものとして政界ではよく知られる話ではある。佐藤は、

「オヤジにしても、わたしにしても、ぶっちゃんが総理になれるなんて、夢にも見ないし、話にも出たことが無かった。でもぶっちゃんは秘かに準備をしていたのね」

もしかすると小渕恵三は田中角栄と佐藤昭を通して、田中派の政治家の能力・野心・性格、そういったものを、秘かに徹底的に分析し、彼らの行動を把握していたのかもしれない。

なぜなら、田中角栄と佐藤昭の頭の中には、田中派の政治家だけではなく、敵対する政治家や野党の政治家の心情や懐具合まで、あたかも彼らの内部に内視鏡を埋め込んである如く、知っていたはずだ。であるなら、田中と佐藤が何を考えているかを知れば、他の政治家の動向や野心も理解できるではないか。

田中が政界の人間の機微を知る天才と言われるのは、こうした情報収集力の別名といっても過言ではない。この人心掌握術の武器となったのが、「気配り」「目配り」「金配り」の「三配り」の芸であった。

そのような田中にしても佐藤にしても、小渕恵三の野心が見抜けなかった。すなわち、田中も佐藤も、小渕の中に埋め込まれているはずの自分たちの内視鏡に、小渕の野心が写っていなかったのである。

小渕恵三という不器

小渕も「君主不器」すなわち、本稿で考える、日本型の「君主は、その器を見せない」タイプの政治家だった。惜しむらくは、小渕は政権の座について、三年弱でこの世を去る。小渕は相当なレベルの首相になるはずだったとは、多くの政治評論家が後に語るのだが、それも叶わぬ夢となる。政治の非常を知ると共に、小渕は「不器」の一端を見せたものの「不器」としての政治を全うせぬまま終わったのである。

もう少し小渕について話しながら「君主不器」を考えたい。政界に住む政治家とは猜疑心と嫉妬心がエネルギー源である事は、わたしが改めて述べるまでもない。裏切りに遭遇する前に、派閥のオーナーは票の手当てをし、軍資金を与える。派閥のオーナーが警戒するのは、派内派閥が出来る事だからである。と言っても天下取りを目指すのが政治家の本能である以上、時が来れば、クーデターの危険性は常にある。鉄の結束を誇った田中派も、親分が刑事被告人になりながらも依然として派閥を牛耳っている。楚の国の項羽ではないが秦の始皇帝に「取って代わるべし」という人間が出てくるのは、権力闘争に明け暮れる生き物の本能と言わざるを得ない。

竹下登が項羽のごとく「取って代わるべし」と決起する。田中派内派閥竹下派「経世会」の立ち上げである。

このクーデターにより、田中は激怒し更に酒を多く飲みまくることになり、脳溢血で倒れてしまう。

この竹下クーデターの時の小渕の話が面白い。決起であるから、慎重の上に慎重に行を進めねばならない。誰に声をかけるのかの人選が最も重要だ。竹下登は秘かに人選し、決起する日を迎える。

小渕は竹下登から決起するメンバーに選ばれてはいなかった。それに気づいたある政治家が「小渕さん。いそいよだぞ。君も参加するよね」と言われた小渕は何が何だか分からず決起集会に出かける。このことを件の政治家が後に竹下登に、

「どうして小渕さんを誘わなかったのか。竹下登先生は小渕さんをどこに行くときでも連れていたではありませんか」

と尋ねたところ、竹下は、

「ああ……。あれには伝えんでも、後から黙ってついてくるわな」

と表情も変えずに答えたという。

竹下登という歴代の首相にあって、最も警戒心が強かった政治家に「ああ……。あれは伝えんでも伝えても黙って後をついてくる」と言わしめた小渕恵三とは何者なのか……。

もう一つ、竹下登と小渕恵三の話を紹介する。これはある財界人からわたしが聞いた話である。竹下登が、住友銀行との癒着、あるいは金屏風の裏取引に関与したとされるころの出来事である。

その財界人は次のように話してくれた。

「わたしと竹下さんとは人には言えないことがいろいろあった。二人だけで会う事になると、

竹さんは必ず小渕恵三さんを連れて現れた。ある時、今日会って話す内容は絶対に外に漏れてはいけない。にも係らず、竹さんは小渕さんを同席させた。そこでわたしは竹さんが用足しに出かけるので自分もと言って、二人でトイレに入り、

『竹さん、今日の話は、二人だけでした方がいいと思うけど』と言うと、竹さんは『ああ……。あれは大丈夫だ』と意に介さず答えた」

件の財界人にすれば内緒中の内緒話を人に聞かれたくないのは当然だろう。しかし竹下は「あれは大丈夫だ」と言い切った。竹下登をして、そのようにまで深く信頼させた小渕恵三に、本書で述べたい「不器」の一端がよく見えるではないか。

佐藤が語ったように、百余名の田中派にあって、政治的野心に限って言えばほぼ無欲であった小渕恵三。そしてその田中派を乗っ取ることになる竹下登に信用される小渕恵三は、どんなことで竹下登に「あれは、大丈夫だ」と信頼されるようになったのか。これを証明する秘話がある。竹下登が大蔵大臣であったころのエピソード。

あるとき、若き小渕恵三は、極めて重要な書類を大蔵大臣室に向かい、竹下登大臣本人に手渡すことになった。ところが大蔵省に到着し、階段を上っている途中、心臓発作を起こし倒れてしまう。小渕には心臓病と言う病があり、それがその時、発生したのである。

そこで小渕を心配した竹下の秘書官が、その書類は自分が大臣に渡すから早く病院にと伝えるのだが、小渕は苦痛に顔をゆがめながらも「いや、これは自分の仕事だから直接大臣に渡す」といって階段を這いつくばって登り出した。そんなやり取りが伝わったのか、竹下登大蔵大臣が大

臣室から出て来た。それを見た小渕は「竹下先生……」と声を出し、大事に持参した書類を直接手渡したのだという。

この話は竹下登と近かった人から聞いたわけだが、竹下は、この話をその人に紹介するとき、「小渕は立派だ。あれは信用できる」と付け加えたという。文字通り、小渕恵三は命がけで仕事をしたわけである。

小渕恵三は田中派にあっては、佐藤の語るように、ほぼ無印の政治家であった。しかし、小渕は、もしかすると、田中の後を継ぐのは竹下登ではないのか。と一人思っていたのではなかったのか。だからこそ小渕は織田信長に対して木下藤吉郎が藁草履を用意することで君主の関心を得ていたように、次の君主を早くも確信し、木下藤吉郎的演技を行っていたはずだ、と思わせるではないか。

ここまで小渕恵三の話をしたが、政治の世界には、こんな話が星の数ほどあるに違いない。政治の世界に住む政治家たちの、人間的なあまりに人間的なドラマだと言わざるを得ない。

ところで、佐藤昭は二階について、どう思っていたのか。わたしには佐藤昭は二階については一言も触れてはいなかった。いや、尋ねたのであれば佐藤なりの印象を語ってくれたかもしれないが……。

また二階にたずねても、事務的なことで数回会ってはいるが親しく付き合うことはなかった、という。二階は角栄とは何度も会い話す機会はあったのだが佐藤からすれば小渕以上に二階は無印だったのかもしれない。

しかし田中角栄は、二階俊博を評価していたようであるが、二階が当選したころ有罪判決が出てしまい政治力が衰えてしまうのである。

用心深い竹下登が「経世会」を立ち上げたとき、田中派に属していた二階俊博はこれに当初からは参加していない。この点を二階に質すと、「自分は田中先生の下に参加したわけだし、いくら田中先生が政治的に手足を縛られていても、我々田中派に属している議員に、考え方にもよるが、実害があったわけではない。つらい立場にある田中先生には個人的にも恩義があるわけだから、自分は参加を見送った。先生の娘である真紀子さんの御主人の田中直己さんは同期当選で親しいこともあったからな。しかし、竹下派に距離を置いていた奥田敬和先生らが、後に合流を決めたので自分もこれに加わった。奥田先生は自分に対し、『二階君、観光行政は重要だよ』と教えてくれた恩人でもあるからね」

二階は竹下グループへの参加において、遅れた政治家なのである。おそらく、小渕恵三を竹下登は当初、さそわなかったように、二階俊博に対してもさそいを行っていないことを考えると、二階俊博は竹下登に対しても、その器を見せていなかったことになる。というよりも竹下が二階の本質を見抜けていなかったからかもしれない。あるいは、二階の中に、竹下登はなにかを感じてはいながらも、実行に移す時期を待っていたのかもしれない。

二階俊博を「君主不器」と名付けたい所以である。

この竹下登クーデター時代にあっても、二階はじっと時を待ち、自分を鍛えていたのだった。さて、それからの二階である。

一九九三年宮沢内閣に対し、内閣不信任案が提出され、自民党に所属しながらもこれに同調し、離党する。そして小沢一郎らと共に新生党結党に参加する。その直後に行われた総選挙で成立した細川大連立政権で、運輸政務次官に就任する。これは一九九〇年の第二次海部内閣で同じポストに就いているので二度目の就任であった。

この時の大臣は社会党の伊藤茂であるが、二階は運輸関係の政策であれ人間関係であれ遠藤三郎の秘書以来、得意分野であるから、二階は「影の運輸大臣」と呼ばれていた。実力はあっても表に現さない二階の「不器」が見え隠れしている。

その後、新進党、自由党、保守党、保守新党などの新党あるいは政界編成政党を渡り歩き、小渕第二次改造内閣が成立したとき、二階俊博は小沢一郎と袂を分かち、保守党に属していた。小渕政権は連立政権であったがゆえに、二階たちの保守党から大臣が出ることになる。二階俊博は衆議院に四十四歳で初当選して以来十六年を経て、運輸大臣として初の入閣を果たす。時に二階俊博六十歳であった。

運輸、建設行政に詳しい遠藤三郎に仕えてからは三十年が経とうとしていた。

しかし、政界においては、苦肉の連立政権であるとされ、これがきっかけで、二階たち保守新党は自民党に合流し、そこでも自己を秘かに鍛えていたのだが、当時のメディアはほとんど無視し、それどころか政界の渡り鳥と皮肉っていたのであった。

自民党を離れ、再び自民党に戻るまでの苦労について二階に問い質すと、二階は、

「多くの人から、二階さん大変な苦労をしたようだね。と言われたけど、自分は全く後悔して

いない。あの時代は、誰でも政治改革をしなければならないと考えていた。自分なりに政治改革を考えた結果、離党し、小沢一郎さんらと共に新党結成に参加した。その結果属する多くの政党はどんどん小さくなったが、小さい政党に属していたからこそ、よく見えるものもあった。また社会党や日本新党の政治家たちとも一緒に仕事をしたから、今の野党にも知り合いが多く出来た。どの政党にあっても政治家がやるべき仕事はある。それにその時一緒に仕事をした仲間とは、強い絆ができたことだ。政界に限らず、人間にとって大切なことは、仲間を大切にすることだからね。その仲間たちと共に自民党に戻ることが出来たのは、福田康夫さんが声をかけてくれたからだった。我が師遠藤三郎先生が福田赳夫先生と親しかったこともあり、その息子の康夫先生が声をかけてくれたのは遠藤先生の遺徳かもしれない」

そんなことを話してくれた。自民党を離れ新党運動に参加し属する政党が小さくなれば政治資金を集めることが難しくなる。金集めは政治家にとっての死活問題。とりわけ小沢一郎らと訣別し、保守新党を結成するに当たり、受け取るべき政党助成金を受け取らずの行動だったのでグループの米櫃は空っぽであった。この当時の二階は、それにもめげず苦労して党のため仲間のために建設会社などを回り政治資金集めをしていたようである。こんな苦労話をこのころの二階を知る政治家が語ってくれた。そうした金策、票集めといった苦労に二階は人前に語ることはせず、じっと耐えていたのであった。

政治における「不器」とはいかなることかを二階俊博を通して書き続けているが、二階の「不器」と同じように「不器」である小渕恵三が首相になった時「不器」の人、二階俊博は小渕恵三から運輸大臣の指名を受けた。

ここにも、二階俊博という「運命」の糸を見るのである。なぜなら、繰り返すが二階に政治家がどのような仕事をする職業人であるかを教えたのが運輸、建設行政を誰よりも知る遠藤三郎であり、遠藤三郎が建設大臣の時、二階は秘書として研鑽を積んでいたのである。

この稿のしめくくりに小沢一郎と二階俊博について触れておきたい。

小沢一郎と二階俊博

二階と小沢の関係は、二階が遠藤三郎の秘書をしていたころからだから極めて古い。師である遠藤三郎は藤山愛一郎グループに属しており、当時の藤山派では、この遠藤三郎と江崎真澄そして小沢の父である小沢佐重喜が重鎮に数えられており、遠藤と小沢の父が親しかった関係で、二人は政治家になる前からの知り合いであった。

最初の出会いは小沢一郎の父佐重喜が亡くなり遠藤が小沢の地元に葬式のために出席した後、そのお礼に息子である一郎が遠藤の事務所にやって来る。

時に小沢一郎は二階より三歳年下の二十六歳であった。小沢はその時より一年半ほど経った昭和四十四年十二月の総選挙において二十七歳の若さで初当選するのである。

こんな縁で、後に二階が和歌山県議会選挙に出馬したとき、小沢一郎は御坊市まで応援にやって来るのである。この時小沢は二階の地元、御坊市の善明寺というお寺に記念の植樹をしている。衆議院に出馬することになった時も、小沢一郎は様々な支援を二階にしている。二階にしてみれば、小沢一郎は政界進出における恩人の一人ということになる。しかも田中角栄の秘蔵っ子とまで言われ始めていた小沢一郎のことであるから年齢も近い二人が親しくなるのは当然のことかもしれない。

一方の小沢一郎は若き自民党のスター候補。他方の二階は地味ながらも大臣秘書、県会議員を経ての代議士であったが、二人はよく語り合ったという。

そうした関係であるから、小沢一郎が自民党を離れ、新党結成に立ち上がるとなれば、人からの恩義については人一倍重く受け止める二階俊博にすれば、小沢のさそいを受け一緒に行動することは利害を超えた恩に報いるという自身の人生観から出たものであった。

しかし、このとき二階が取った行動により、二階は「小沢一郎一派の代表」と目され、自民党からは目の敵にされるのである。

最終的には「壊し屋」といわれる小沢一郎と二階俊博は訣別し、小沢一郎は民主党に合流し、鳩山由紀夫政権を作り、二階俊博は自民党に戻りゼロというよりはマイナスからの再スタートを始めることになる。

しかし、小沢一郎の元からは一人、二人と離れて行き、小沢は極少政党にまで追いやられてしまう。しかし二階俊博は復党した自民党にあっては幹事長にまで登り詰めるのである。いつでも総理になれるといわれた小沢一郎は訪れる人もいない一人ぼっちとなり、他方の二階俊博は面会を求める人人の門前市をなす状況が続いている。二人の今を見ると政治の世界の運不運と非情さが伝わってくる。

ある自民党の政治家が

「小沢一郎は二階俊博という人を裏切らない、そして徹底的に人のメンツを立てる政治家と別れてしまったがゆえに、政治家としての命運が尽きた」

と言っていたが、この言葉はそうかもしれないな……。と二階について書き続けているわたしも同意したい。

二階に小沢一郎について質したことがある。二階は

「なぜ別れたのか、なぜ一緒に行動を起こしたのか。それについては一切語らないことに決めている」とだけ答えた。

二階俊博という政治家について書き続けている以上、わたしなりの推測を書きたい。なぜ小沢一郎と共に脱党したのか。

それは小沢一郎に恩義があったからである。では、なぜ別れたのか、

それは、もう十分に共に働いた。このあたりで自分の道を行こう。小沢に対しては恨みもつらみもない。

二階俊博の心は、小沢一郎という一代の政治家に対しても、そのように考えている。とわたしには見えるのである。

「小沢一郎のすべてを知る男」などといわれた二階俊博は、そんなレッテルを心では軽蔑して

いるだろう。

二階俊博という器の中で小沢一郎と過ごした時間は蒸留水と化しているようである。

二階にあっては、政治ジャーナリズムや政界においても最も知りたい話題である「小沢一郎論」について、一切語らないと決めた。ここにも君主はその器を見せないという二階流の「不器」が感じられるではないか。

「不器」という言葉をキーワードにして、本章を書き進める中、二階俊博と小渕恵三が、当代の「不器」であると位置づけた。そこでこの二人の「不器」が外交に並々ならぬ関心を寄せ実行していることを付け加えたい。

小渕恵三は外務大臣をも勤めるくらいで、外交を重視していた。

アセアン諸国との外交を最重要視し、また中国の江沢民と、堂々と渡り合い、また沖縄サミットを断行したのも、小渕恵三首相であった。小渕は若いころ世界旅行に出かけアメリカを訪問した時、J・F・ケネディの弟ロバート・ケネディにまで会いに行っている。ロバート・ケネディも兄と同じく大統領になる可能性が大きかったが、大統領選挙キャンペーン中、ロサンゼルスで凶弾に倒れている。そのような未来の大統領にまで若き小渕恵三は会いに出かけていたのである。

そういう外交に強い意欲を持つ小渕であるからこそ、小渕の短命を惜しむのである。外交に関心があるとは思われない小渕と同じように、二階俊博もそのように思われてはいるのだが、二階俊博こそ、第一章でも紹介し、第五章で詳しく述べるが、現代における最高レベルの外交政治家なのである。

安倍首相が「地球儀を俯瞰する外交」と言って、世界を飛び回っているが、本書を読んで頂ければ証明できるが、安倍外交のはるか以前から、二階俊博は一議員として独自の「地球儀を俯瞰する外交」を実行していたのである。

しかし、だれも二階が稀代の外交政治家であるとは言わない。まさに外交において二階俊博は「その器を見せず」を黙々と実行しているのである。

第四章　二階俊博という「政治芸」

ある時、二階俊博に「政治家の心構えは何ですか」とたずねたら、二階は「嫉妬心を持たない努力をする。嫉妬されないように振る舞うこと。どんなポストに就いても不満を持たず仕事をする。約束したことは必ず実行する」と答えた

二〇一六年七月下旬、二階俊博自民党総務会長（当時）はペルーの新大統領就任式に出席し、これを終えた後、チリを訪問している。チリでは前年、国連で認定された「世界津波の日フォーラム」に参加するためであった。東西南北の政治家二階俊博の面目躍如というべきか。七十七歳になっている二階は、地球の裏にまで足を伸ばすのである。

帰国早々の八月四日。二階は安倍首相から療養中の谷垣禎一に代わり、第六十四代自民党幹事長就任を要請される。わたしは任命された直後の八月七日、二階俊博と会った。

二階に対し、安倍はどのような言葉で幹事長就任要請をしたのか。またそのとき、二階はどのような返事をしたのか……。政治ジャーナリストなら、誰しもが知りたいと思うであろう。二階俊博について書いているので、一見すればケミストリーが異なるはずの二人ではあるが、両者の

因縁について触れておきたい。

そうすれば、この時の二人の会談にどんな内的なドラマが背景にあったのか、少しは理解できると思われる。

一点目は二〇〇三年十一月二十一日。当時保守新党の代表であった二階俊博は、自民党に合流するため、同党の扇千景参議院代表と自民党総裁小泉純一郎そして同党幹事長である安倍晋三の四名で、両党の政策合意書にサインし、復党することになる。今にして思えば不思議な因縁である。二階が自民党への復党手続きをした相手が若き幹事長安倍晋三だったのである。

二点目は、安倍晋三が福田康夫が退陣し政権に就いたもの閣僚たちの不祥事で政権運営に行き詰まり、かつ体調不良で退陣せざるを得なくなっていたとき「絶対にやめてはいけない」と安倍を説得した数少ない政治家の一人が、二階俊博であった。政界は非情な場所である。「池に落ちた犬はたたけ」のごとく、安倍を守ろうとする人間はお友達内閣と揶揄された側近も含めいない。しかし、安倍グループではないにもかかわらず、二階は安倍を守ろうとしたのであった。

そして、自民党が政権の座を民主党（現民進党）に明け渡すのだが、自民党が再び復活するための党総裁選挙に安倍晋三が、首相に向け再チャレンジすべきか否かで悩んでいたとき、「安倍晋三立つべし」と一人説得し続けたのは、菅義偉であった。

「やめるべきか、とどまるべきか。それが問題だ」とシェークスピア『ハムレット』の名セリフを引用したくなるほど悩んでいた安倍に「絶対やめるな」と主張する二階俊博。

そして、屈辱のあの体験を経て、再挑戦すべきか否かにためらう安倍に「立つべし」と説得する菅義偉。

時は流れ、この二人が官房長官と幹事長となって安倍政権を力強く支えている。二階俊博と面と向かい合い、幹事長就任要請する安倍晋三に、こうした出来事が果たして去来していたのかどうか……。

では一方の二階俊博はどうなのか。体調が悪いくらいのことで総理の座を放り投げるなと言った。しかし今回は、体調の悪い谷垣禎一に代わって幹事長を引き受けろ、といわれる。この時、二階の脳裏にある出来事が去来したのではなかったか。

それは、安倍晋三が総裁選において石破茂を破った後の二回目の総裁選。この時、幹事長である谷垣禎一も出馬することになっていた。しかし谷垣は出馬を断念する。これは谷垣に二十名の推薦人名簿が出来なかったからであった。

選挙は無投票で安倍が勝利するのであるが、その後に開催される党総務会において、二階俊博は、

「安倍晋三先生が自民党総裁になられたわけでありますが、しかしわたしたちは、谷垣先生が党内の分裂を回避するため、あえて出馬しなかった。この谷垣先生の英断があっての安倍自民党新総裁であることを忘れてはなりません」

というようなスピーチをしたのである。

谷垣禎一は二十名の推薦人が集まらないから不出馬したのではない。あくまでも党内一致、党を二分せず、いわば「無血開城をしたのだ」と二階は谷垣禎一のメンツをこの総務会という自民

党において最も重要な会合において評価して見せたのであった。

そのような無念を抱えていたはずの谷垣禎一（しかも谷垣は病院にいる）に代わっての幹事長。二階はこれもわが政治家人生の運命なのか……。と思ったことだろう。

そして病院にいる谷垣禎一も、「自分に代わって二階俊博幹事長か。だったらこれでよし」、と思ったことだろう。以上はわたしのあくまでも推測である。念のため……。

話をこの八月七日の二階とわたしの会合に戻す。二階は、

「ペルーの大統領に励まされたんだ。二階さんお年はいくつですと尋ねられたから、七十七歳になりました。政治家として、自分なりに満足できる人生だった。これからは仕上げの時です、と言うと、大統領は何を言っているんです。わたしも二階さんと同じ七十七歳です。わたしは七十七歳にして、大統領になった。あなたも政治家としては、これからですよと言って握手されたよ」

と嬉しそうに語るのであった。政治家という生き物にとって、最も恐ろしい敵は年齢である。これは政治家を職業とする生き物にとって、世の東西を問わない真実であろう。

選挙の時、敵となる候補者が「自分の息子ほどの年齢差があれば、勝てると思ってはいるものの、もうそれだけでイヤな感じがする」と、ある政治家が真情を語ってくれたことがあるが、政治家でもとりわけ七十歳台になれば、自らの年齢に対する恐怖心は、彼の潜在意識下にさらに強く沈殿されているはずである。そのような潜在意識を持つ政治家に対し、

「二階さん、あなたは自分と同じ七十七歳だ。あなたはこれからだよ」

と初対面の外国人であってもその上、一国の大統領から励まされれば、嬉しくないはずがない。わたしが「それにしても大役につかれたわけだから、これから益々仕事が増えますね」と言うと、

「なーに。どんなポストについても、政治家の仕事は同じだ。全力で国民のためにやることだからな。安倍政権を徹底して支える。これに尽きる」

と二階は言った後、「これからは更に嫉妬されないように、嫉妬もしないように用心しないといけない」

と自分に言い聞かせるように語るのだった。

二階が語らずとも、政界という社会は一皮めくれば、そこは嫉妬の海。

「何であいつが補佐官に」

「どうしてあいつが大臣に」

「なぜオレではなく、あんなおべんちゃら野郎が副大臣なんだ」

「エ……。○○省の副大臣かよ……。オレは派閥の親分に、○○省の副大臣にして欲しいと頼んでおいたのに。ウチの親方は力が無いのかね……」

という嫉妬心が組閣後に行き交うのが政治の世界。しかし、見方を変えれば嫉妬心こそ政治家にとって不可欠のエネルギー源でもあるのだ。嫉妬心と復讐心（あいつが副大臣か。だったら、あいつには絶対に負けない。必ずあいつのポストを手にしてみせる）はコインの表と裏。嫉妬心のエネルギーは、ときとして復讐心に変換するからだ。これは人間学における真理であろう。

だからこそ実学と実行力の人二階は「嫉妬」について用心深くならなければと改めて自戒したのかもしれない。

福沢諭吉は『学問のすゝめ』において、

「怨望（嫉妬心）以外に絶対の不徳なし。」

「怨望（嫉妬心）は絶対の不徳なり。」

「怨望（嫉妬心）は衆悪の母。」

「怨望（嫉妬心）の源因は窮の一事にあり。」

と見出しを立てこまごまと嫉妬心に言及している。

嫉妬心。これを福沢の有名な「門閥制度は、親のかたきである」という言葉で言い直せば「嫉妬心こそあまねく人間の敵である」ということになる。福沢は人間交際におけるいましめとして、かくまでも「嫉妬心」に警告を発しているのである。

古くは聖徳太子が起草したと言われる「十七条の憲法」の、第十四条に「役人たちよ嫉妬をするな」とある。聖徳太子は憲法にまで「嫉妬」を戒めていたのである。面白いのは、嫉妬心に警告を発した福沢諭吉と聖徳太子は日本の高額紙幣に揃って採用されていることだ。福沢が言うように嫉妬心の源因は窮の一事にあるとすれば、金欠こそ嫉妬心の源。これを戒めた二人が揃って紙幣のモデルになっている日本。「いいね。日本。」と言っておきたい。少し話しがそれてしまった。

「これからも、これまで以上に嫉妬心を持たず。嫉妬されないように用心する」と二階は語ったが、どういう経験がそのように言わせたのか。

それは二階が「嫉妬心」「復讐心」をエネルギー源とする政治の世界に長く生きてきたからだと言わざるを得ない。とりわけ自民党を離党し、いくつもの政党を渡り歩き自民党に六〇を過ぎてから復党し七十七歳にして幹事長になったとなれば、党内にもこれを快く思わない政治家がいるかもしれない。しかし、これは政治の世界だけの話しでは無い。企業社会もまた「嫉妬」が渦巻いているからだ。

これまで詳しく述べたが、二階俊博は大学を卒業すると、建設大臣遠藤三郎の秘書として十一年の長きに渡り、政治家たちの生態に触れ、その後は地元に戻って県会議員を四年ほど務めた後、自民党より国政に出る。そしていくつもの政党を経て、再び古巣の自民党に戻る。これらは成人になった後の政治キャリアであるが、父親が和歌山県県会議員であったことをも合わせ考えると、二階俊博の人生は幼少の頃から「政治」と「政治家」それも、地方政治と国政。地方議員と国会議員の間でのみ生きて来たことになる。本書の副題としたように「全身政治家」そのものである。政治家と政治以外、二階にとって別の道はなかったとさえ言えるほど、政治と政治家は二階の人生そのものであった。

本書を書き上げる途中、わたしは二階にとって、政治以外の選択肢はなかったのだろうか……、と考えることしばしばであったが、二階俊博に限っては、陸奥宗光の「他策なかりしと信じせむ」という言葉を借用すれば「政治家以外に他に進む道はなかりしと信じせむ」ということになる。

すなわち「常在戦場（「嫉妬心」と「復讐心」の）」が二階俊博の生きる場所（戦場）なのであった。あらゆる政治家は「常在戦場」という言葉を使う。これは常に選挙に備えるという意味で使用するのだが、選挙もまた敵対候補に対する「嫉妬心」と「復讐心」がエネルギー源となるであろう。

「自分は、このポストを是非とも手にしたいなんて考えたこともないが、総理から直々に幹事長を要請された以上、自分の仕事は安倍内閣を徹底して支えることだ」

二階は自分に言い聞かせるように繰り返し言った。それを聞きながら、この内閣は更に強固になるな……。菅義偉という近年まれに見る官房長官が目を光らせる官邸と、政権与党にあって「政治とは選挙のことである」と言い切る二階俊博が幹事長に就任したとなれば、内閣総理大臣安倍晋三、官房長官菅義偉と合わせ、近年では最強のトリオが出来上がったことになる。そんな考えが、わたしの胸に去来したのであった。

と同時に、二階俊博という政治家いや人間は、その生き方そのものが「背もたれ」だな……。そして「安倍さん、立つべし」と悩んでいた安倍晋三を説得した菅義偉という政治家は安倍晋三首相の「肘掛け」に徹しているな……。という言葉が不意に浮かんできたのであった。最強の「肘掛け（菅義偉）」と伸縮自在の「背もたれ（二階俊博）」に守られているなら安心なのだが、肘掛けと背もたれは、言葉を換えれば主座にある人間を羽交い締めにすることもできるはずだ。これは政治の世界においていくつもの先例がある。もとよりこの政界における「教訓」すでにして人事については老練さを身につけている安倍晋三に分からないはずが無い。なぜなら第一次安倍内閣崩壊の原因に「お友達」に囲まれていたからだと批判されたことを安倍は反省していたからだ。であるがゆえに、わたしは強い政権が出来たと思うのである。しかし最強になればあとは下り坂しか無い。政治権力あるいは政治家とはそのような厳しい真実の中で生きているわけである。

政治世界における「背もたれ」を考えてみたが、人間は自らは気づかないが、何らかの「背もたれ」を持って生きている。物理的にはイスであれ、ソファーであれすわっている背後にいわゆる「背もたれ」が備え付けられているがゆえに、安心して席に着く。しかし「背もたれ」はこの物理的「背もたれ」以上に、姿も形も見えないが、人間関係のあまねくところに、存在している。「肘掛け」も同じである。左右にしっかりとした「肘掛け」が備わっていればこそ、安心して座ることができるからだ。

夫にとって妻は、妻にとって夫は「背もたれ」であり「肘掛け」なのである。

企業にしても、会社員の人生にとっての「背もたれ」かつ「肘掛け」と言えるであろう。背もたれと肘掛け。すなわち、自分がひっくり返ることを防いでくれる安全弁。これ無くして人生はあり得ないのである。

人間はしばしば「何者かによって生かされている」と言われるが、「背もたれ」や「肘掛け」とは、そのようなものだ。

政治の世界においても「背もたれ」として存在する人間が必ずいるはずだ。「背もたれ」無くして、個人も団体も国家も成り立ち得ないからだ。この時、二階俊博と会って以来の様々なことを思い出し、わたしは、二階俊博という政治家は日本政治における最高レベルの「背もたれ」ではないのかというイメージが改めて湧いてきたのだった。

前にも述べたように二階俊博は、遠藤三郎の下で十一年間、彼の「背もたれ」を勤めた。自民党を離党し、新進党、新生党、自由党、保守党、保守新党と政党を変えても、その政党内においても「背もたれ」であった。保守新党を解党し、自民党に復帰した後に復党したその仲間たちと共に政策グループ「新しい波」を作ったのも、仲間たちの「背もたれ」として生きるためであった。そして、そのグループと共に、志帥会に参加するのだが、この時も派閥の親分、伊吹文明が衆議院議長に就任したため、二階は伊吹派の「背もたれ」として動くのである。

海外に、本書で後に紹介するが、多くの団員を引率し、訪問しているけれど、団長は、画家の平山郁夫であったり、絹谷幸二であるように、主役の座は人に与え、二階俊博は常に脇役として出かけるのである。

本来なら自作自演の海外興行で、しかも多くの観客まで動員しての旅だから、二階俊博が団長のはずなのだが、しかし二階は、第五章でも述べるが海外興行においても「背もたれ」に徹している。わたしにはそのように見えたのである。

政治とは選挙のことである

またあるとき、二階俊博に「政治とは何ですか」と尋ねたことがある。

「政治……。う〜ん」と一瞬言葉をつまらせ「それは、選挙のことだ。選挙と選挙対策かな……」と一言で答えた。

政治家に同じ質問をすれば、

曰く「政治とは税に始まり税に終わる。つまり、どのように税を集め、如何にその税を公平に分配するかだね」

曰く「国家国民の安全と安心のためだ」

曰く「地元をよくするためだ」

曰く「世界の中で輝く日本を作るためだ」

というような百人百様の言い方が出るだろう。共通しているのは「世のため人のため」という言葉がどのような政治家からも出るものだ。政治とは「公」の別名なのだから。

では、「政治とは選挙のことだ」と言い切る二階の言葉はどのような意味なのか。わたしたちは「立憲政治」の中に生きている。社会的な生物である人間が発明した生き方で、最も重要なことは「選挙」という制度を導入し、自分の代わりとなる権力者の選び方を発明したことだ。洋の東西に係わらず古代より貴族や、王様あるいは専制君主が一手に握っていた政治権力を、選挙によって権力の交代を可能としたことだ。すなわち主権者が国民の手に移行したということである。

選挙を経ればどんな人間にも出自、学歴、職業、性差にかかわらず権力者になれる制度の発明が「選挙」である。選挙あって国民であり、民主主義なのである。したがって、厳密に言えば、選挙制度が確立して後に成立した権力構造だけが「政治」であり、そこに働くものらが「政治家」となる。それゆえに、例えば一党独裁の中国においては、政治も政治家もいないと言える。なぜなら一党独裁によって成されているのは、「いかに統治するのか」「いかに支配するのか」という「統治・支配」だけであるからだ。

統治するためには必要であれば選挙でも言論の自由でも認めるであろう。しかしこれは統治するために「管理された言論の自由」であり、「選挙」なのである。したがって極論を言えば選挙のない独裁国においては、政治は存在しないのである。

現代人であるわたしたちは選挙を通して政治に慣れ親しんでいる。毛沢東が言ったように独裁国にありがちな「銃砲から政権が生まれる」政治権力と、「選挙から生まれる政治権力」とでは国家を安定させる上でどちらが難しいのだろうか。現代の独裁者（共産党）が統治する中国政治と、選挙によって統治されているはずの民主主義国家の行き詰まりを考えると、独裁か民主かは人間にとって永遠の課題かもしれない。

加えて世界を見渡しても、選挙権や選挙の区割りはしばしば変更されるように、せっかく選挙権を獲得したもののここでも絶対的な選挙制度は成立し難いのである。

日本においても、「一票の格差」は憲法違反の判決がでるし、直近では選挙年齢が十八歳にまで引き下げられている。グローバル化した時代となっている今日では、税金を払っている在日外国人の選挙権はどうするのかといった意見も出はじめている。超高齢化時代を迎えた国において寝たきり人間に選挙権は有効なのか、という意見すらもあるのだ。

ノーベル賞級の学力知力を持つものと、ミーハー的おばさんが、どうして同じ一票なのか。数億円も納税する人間と、ほとんど税金を払わない人間が、どうして同じ一票なのか。選挙権を巡っては世界中でこうした議論がある。

たかが一票、それでも一票というわけである。

「猿は木から落ちても猿だが、政治家は選挙に落ちたら、ただの人」という言い回しがある。最高権力者、例えば現職中であってすら首相や大統領も選挙に落ちれば、翌日から一市民になってしまうのである。こんなことを考えれば「選挙あっての政治」あるいは二階の言うように「政治とは選挙のことだ」という表現は誠に正しい。

しかし、それではあまりにぶっきら坊、あるいは不親切という反応が出るかもしれない。二階が言うのは次のような意味を含んでいるのだ。すなわち政治家は選挙において自己を語り、有権者の考え方に触れる。頭を下げ、握手握手を繰り返し、読まれることのない公約チラシを配り「最後のおねがいです」という最後のお願いを何千何万回も繰り返す。人々の前でさらし者になっても、笑顔で手を振り「ありがとうございます」を連呼する。ときには「帰れ」コールをも浴びるが、その罵声にも「しっかりと承ります」と頭を下げて答える。

政治家は選挙のとき、人格破壊、家族破壊、ときには人権無視にも遭遇するがじっと堪える。この耐久力の有無が政治家を鍛えるのである。選挙を通し、政治家は人々の欲望を理解しその欲望を少しでも多く実現するために政治を行うのである。しかし約束したことを守らなければ次の選挙で落とされる。落とされたものは次の約束時（選挙）のためにその日から準備する。選挙の翌日、当選者は駅前広場で当選御礼の演説を繰り返し、落選者は再起を誓う演説に明け暮れる。

これらは見慣れた風景であろう。
政治家とは何か、を問われたなら「次の選挙にも勝つ人だ。落選したら次の選挙にどうしたら勝てるかを常に考える人だ」という定義が政界にはあるという。政治家の喜びも悲しみも、すべては選挙次第というわけである。

私の選挙体験

選挙についてもう少し述べたい。わたしは前章で触れたが国政選挙に立候補したことがある。一九九六年の参議院選挙に新党さきがけから神奈川県選挙区での出馬であった。結果は落選であったが、選挙とはいかなるものか少しばかり述べたが、その一端を個人的に経験している。

真夏の十七日間に及ぶ選挙中、わたしは街宣車に乗っての演説や団体回りは極力避け、小さな机と椅子を用意して各駅前や広場や商店街に出向き名前が書かれたノボリを立て、道を行き交う人々に政治について話し合いましょうと呼びかけた。こんな選挙をやった候補者はいなかったのか、

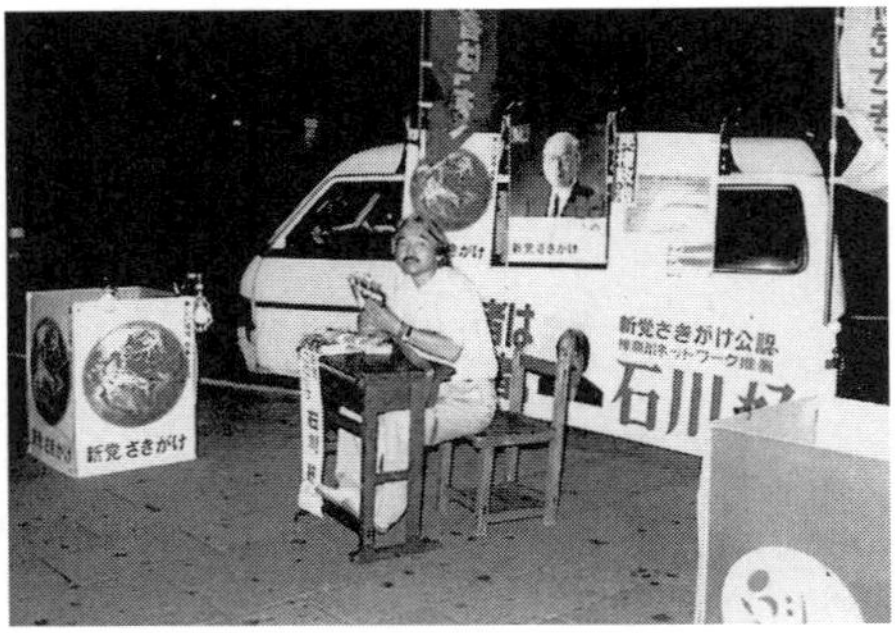

選挙活動中の筆者

当時筑紫哲也氏がキャスターをつとめるTBSのニュース番組でも紹介された。

あるとき、小ホールでの演説会があったとき、聴衆の一人が「アンタネー選挙をやっていながら、おねがいしますと頭も下げない。握手もしない。そういう態度はおかしいぞ……」と野次がでたので、「うるさい。黙れ。出て行け」とわたしは、思わず叫んでしまった。すると、場内にいた男性が「有権者に向かってその態度は何だ」とホール内が騒がしくなった。これ以上は書かないが、この恥ずかしい話を敢えて披露したのは、その後に起こったことを紹介したいからだ。

こういう話は、選挙戦の真最中のことゆえ、たちまち敵陣営に伝わったのか、その夜と翌日の夜、わたしが宿泊していた横浜市内のホテルにこれまでに付き合いのある自民党の有力政治家たちから電話があった。

「石川さんか。選挙は大変だろう。聞いたぞ。すごいことを言ったらしいね。選挙戦の最中に有権者の前であんなことを言ったらおしまいだ。まあ君の気持ちはよく分かる。オレも一度でいいから選挙中に有権者の前で、ウルサイ、帰れ、くらいのことは言ってみたい。これはオレだけではなく政治家は大抵、内心ではそう思っているよ。しかし、それをガマンして、頭を下げているんだ。でもねぇ……。これで君の当選は難しい。オレも政治家を辞める前、一度でいいから、お前らウルサイ。黙れ、と言ってみたい。君はよく言ってくれたよ」

三人の政治家の名前は言えないが、以上のような内容の励まし（?）の言葉をかけてくれたが、おしまいに「選挙が終わったら御苦労さん会をかねた夕食会をしよう」と気を使ってくれた。自民党の政治家というのはモノがよく分かっている人間だと感心した覚えがある。

彼らの予言通り、わたしは落選したのだが、それから数日してあるテレビ局の参院選挙特番のゲストに招かれた。現職政治家対評論家で日本の選挙を論じようという内容のものだった。司会は田原総一朗。本番前の打ち合わせでわたしはどちらの席に座るのかが問題となった。本来ならこれまでのように評論家の一人として、当時は上智大学の国際政治学者である猪口邦子、東大助教授舛添要一らと同じ席に座るはずだったが、司会の田原が「石川さんは立候補したんだから、選挙を体験しているので今日は政治家の席に座ってくれ」というわけで、わたしは現職の小泉純一郎、梶山静六らと共に現落選政治家（?）ということで政治家席に座らされた。

本番が始まると、舛添要一が「日本の選挙は何だ。政策をほったらかしで、おねがいしますばかりではないか……。もっと政策を具体的に語るべきだ」

猪口邦子も「手を振ったり、握手するばかりではみっともないでしょ。それに比べてアメリカの選挙は……」

と現職政治家をなじる。彼らが政治家の批判しているときにわたしの横に座っていた小泉純一郎が、わたしの耳元で、

「なんだ、あいつらは、ちっとも選挙が何であるのか分かっていない。全然違うよ。あいつらにもおタスキをかけさせ、手袋をさせてマイクを持たせてみたいよ。それがどんなに恥ずかしいことか……。あんなきれいごとじゃあないんだって」

小泉はわたしもその恥ずかしいことをした仲間であると認めたのか、そのようにマイクに入らない小さい声でいった。実はこの小泉純一郎もわたしの元に先に紹介したような電話をくれた一

人であった。

小泉の希望通り（？）その後、舛添も猪口も後に自分の名前をプリントした白い大きなタスキをかけて街宣車に乗って「おねがいします。おねがいします」と連呼する仕事（政治家）に就くことになる。その後舛添らがどんな政治家人生を送ったのかは、ここでは触れない。

番組が終わり控え室に戻ると、梶山静六が「石川さん、選挙御苦労さんだったね」と言ってわたしの手を握ったが、その直後「ああ……。これじゃ当選できない」

何のことか分からないわたしは、「え……」と言って梶山を見つめると、

「石川さん、あなたは選挙中に握手しなかったろ。手が腫れていないぞ」

と意外なことを言う。梶山がいう通り握手なんて殆どした覚えがない。

「握手抜きで選挙に勝てるわけがない。新人なら尚更のことだ。手が腫れるほど握手してだな……」

そう言って、梶山はわたしの手を握り「こうするんだ」とさらに力を強め握り直し、

「こうして強く握りながら相手の眼を見て『おばあちゃん、おねがいします』と自分の胸の方に相手の手を引き寄せるんだ」

梶山は実演してくれた。梶山の握力はすごい。

「強く握ることが大事なんだ。弱々しくおざなりでする握手は逆に票にならないケースが多い。選挙前後、合わせて三十万人くらいの有権者の手を強く握ると、相手が見知らぬ人であっても、三万票くらいにはなる」

「三十万人の手を強く握ると、三万の票になるということは、二十万人なら二万票、十万人なら一万票ぐらいとれるということでしょうか」

とわたしは好奇心で聞き返した。

「そうではない。三十万人というのは基本的な数字だ。三十万人という絶対数と握手するから十分の一の三万票が取れるのであって、十万人だったら一万票とはならない。これは田中（角栄）先生から教えられたことだ」

と梶山はにこやかに語ってくれた。なるほど選挙とは握手に始まり握手に終わるというわけだ。この梶山、いや田中の、選挙とは理屈ではない。ひたすら肉弾戦、実戦であるとこれを実行する三十万人と握手せよという言葉にいたく感動した覚えがある。

『田中角栄100の言葉』（宝島社）の中に「戸別訪問三万件、辻説法五万回、これをやれ。やり終えたら改めて俺のところに来い」という言葉が紹介されている。田中の近いところにいた政治家は、こうした言葉をたたき込まれていたにちがいないであろう。梶山静六もそのうちの一人だったのだ。

二階俊博も「政治とは選挙である」と定義したが、おそらく、田中角栄も同じ質問をすればそれに近い言葉を発したであろう。選挙について考えているので、もう少し選挙をめぐる私的な話を続ける。

わたしの選挙期間中、鳩山由紀夫が応援のため横浜市内の団地に入った時のことだ。通学通勤の時間を終え、人影もまばらな団地の路上に、わたしと鳩山由紀夫は立ち、演説を始めた。それ

が終わると、次の場所に移動するのだが、鳩山は一人で歩き出し、マイクを持ち十数階はあろうかと思われる四方のアパートに向け

「鳩山でございます。石川候補の応援に参っております……」

と深々と頭をさげる。ベランダには人影は見えない。

しかし、鳩山は手を振り、四方八方に深々と頭を下げる。「鳩山さん、誰もいないよ。誰も見てないぜ、早く車に乗ろうよ」と言うと、

「いや、違うんだよ。あの高いところの部屋でカーテン越しにこちらをじっと見ている人がいるはずだ。中には身体の具合が悪くて、下まで降りられない人がいる可能性もある。人が見えないからといって、すたすたと退散するなら票を逃がすことになるかもしれない」

そう言って鳩山由紀夫は手を振りながら街宣車に乗り込んだ。あの、と言っては失礼に当たるが、あの宇宙人と自他共に認める鳩山由紀夫をして選挙となると宇宙人から人間的な余りに人間的な政治家に戻るのである。鳩山宇宙人が思わず出てしまったので余計なことを付け加える。ある時、「鳩山さん、あなたは自分で宇宙人と呼ぶけど、何を根拠にそう言うの」と尋ねると、鳩山は「だって、僕って地に足がついていないでしょ」と言ったのでわたしは「地に足がついていないなら、宇宙人ではなく幽霊じゃないか」と言うと、「それはいい。宇宙人ではなく、これからは幽霊にしようか」と平然と答えた。このような鳩山由紀夫の愛嬌と言うべきか人柄がよく理解されることなく鳩山は政界を去った。鳩山由紀夫は日中和解にしろ日韓和解にせよ、彼だからこそ可能であった。何ごとかをするチャンスを逃がし、政界から放り出されたのであった。

さらに選挙について

もうひとつ選挙についてのエピソード。以下は作家であり参議院議員でもあった野坂昭如から聞いた話。

選挙が始まったその日、各テレビ局は首相やめぼしい候補者たちの演説会場や街ゆく人々の姿を伝える。随分前の話だが、選挙映像で印象に残っているのは、原健三郎夫妻が路上で土下座する光景であった。ある時、野坂は原健三郎の夫人にインタビューをした。野坂も選挙の経験があり、原夫婦が選挙のたびに土下座する風景を知っていて、そのことを尋ねたら夫人は

「結局わたしの人生は原という政治家のために土下座をすることだったの」

と答え、そして次のように続けたという。

「選挙が始まり、その日は大雨となったので、今日は土下座は無しかと思っていたら、原はその逆に、しめた今日こそ路上で土下座だ。いいか、こういう日に、ずぶ濡れになって、おねがいするのが一番効果があると言う。自分はまさかと思ったが、主人に言われるように、大雨の中カサもささず路上で二人して土下座したのです。行き交う車に水をかけられながら……」

野坂は楽しそうに話してくれた。ずぶ濡れになりながら夫婦二人で土下座すればその同情効果で何票かは上乗せできる。そう確信して原健三郎は雨天土下座決行とあいなったわけである。一票のために夫婦で雨中であってもお願いする。涙が出るほど嬉しいはなしではないか。

さらにもうひとつの選挙がらみの秘話。

小泉純一郎が最も苦手とした政治家の一人が菅直人であった。小泉は国会において、菅直人の舌峰鋭い攻撃にあいしばしば失言した。これは当時の国会政治ジャーナリズムでずいぶん評判になっている。

二〇〇六年の総選挙の時、次のようなエピソードがある。小泉純一郎の側近の一人の政治家、仮にA氏にしておくが、そのA氏と食事をしていたら、

「小泉というのは恐ろしい政治家だよ。今度の選挙でだな。菅直人の選挙区に自民党から小泉は誰を出馬させると思う?」

「誰って菅直人に勝てる自民党の候補か……。誰かな……」

わたしは菅直人の人気の高さを知っていたので答えると、

「鳩山邦夫だよ」A氏はゆっくり答える。

「鳩山邦夫……。だって彼は民主党を離党したけど、彼には自民党以来の地元選挙地盤があるじゃないの」

「そこには自民党元職がいる。小泉は、鳩山邦夫に対し、自民党に戻りたいなら、敵対政党の親分の首を取って来い。というわけさ」

「いくらなんでも鳩山邦夫は由紀夫の弟だぜ、菅直人と鳩山由紀夫は民主党の創業者、遅れて参加したとはいえ弟の鳩山邦夫だって準創業者みたいなものだ。その邦夫に菅直人を(政治的に)殺せ。というわけか」

「すごい話だろ」とA氏もため息が出そうな声を出した。この話を菅直人は知るよしもない。

そこでわたしはその場から菅直人に電話を入れた。

「菅さん、あなたの選挙区に自民党は誰を立てるか知ってるか?」

「誰って……。まだ分からないな……」

「鳩山邦夫だ」

「ハトヤマクニオ……」

菅は絶句した。

「まさか……。どうして、そんなことを知っている?」

「今ここで小泉さんの側近のA氏と食事をしているが、そのAさんが密かに教えてくれたんだ」

果たして、鳩山邦夫はA氏の予告通り菅直人の選挙区から出馬する。

選挙戦初日、小泉純一郎は若き自民党幹事長安倍晋三を連れ、二人して菅直人攻撃を開始するのである。これだけではなく選挙期間中、再度菅直人の選挙区で大声を出している。首相が同じ選挙区に二度も入るのは異例中の異例。しかし、勝負師小泉純一郎は戦においては敵の大将の首さえとれば勝ちだという信念からかそうしたのであった。政治家小泉純一郎の非情さがよく現れている。

そういう人間だからこそ、小泉は自民党の議員でありながら「自民党をぶっ壊す」と大声を出し得たのである。この言葉が圧倒的な支持を得て、小泉はその前の自民党党首選において劣勢を跳ね返し勝利したはずだ。

「自民党（経世会）支配をぶっ壊す」「自民党（田中系政党）は敵だ」という小泉の言い回しはどこか毛沢東が文革時、「司令部を包囲せよ」「敵は中南海（走資派）にいる」と言って、時の国家主席劉少奇を追い詰めた言葉に通じるものがある。小泉も毛沢東も「ワンフレーズ」で大衆を動員し敵を倒したのであった。

選挙について述べているところ、話が毛沢東にまで脱線したのでここらでこの話を終わりにする。

以上、いくつかの選挙がらみの話を紹介したが、選挙についてはこれらの数百、数千倍もの秘話があるはずだ。

さて、ここから二階俊博の「政治とは選挙のことである」という言葉に戻って稿を進める。二階にとって選挙とはどういったものなのか。

二階俊博の選挙

まずは二階俊博の「選挙」結果である。二階俊博は国政に出る前の一九七五年から一九八三年まで和歌山県議会において当選二回を数える。その後、一九八三年十二月の衆議院選挙出馬、初当選して以来二〇一七年末の現在まで連続十一回当選である。これは比例復活当選を含むと二階を越す当選回数を誇る政治家は数人いるが、連続（小選挙区制も含め）十一回当選している現職は二階俊博だけである。

四十四歳にして自民党より国政に出馬し、その後、新生党、新進党、自由党、保守党、保守新党を渡り歩き六十四歳になって自民党に復党する。四十四歳で自民党議員としてスタートした二階は、十年ほど在籍した自民党を離れ、さらに十年間を新党で過ごし、の復党であった。それから約十年余りで幹事長となる。政治家でこれほど多くの党籍を変え、自民党に復党再デビューし幹事長にまで登りつめるのは今後、二度と出現しないタイプであろう。しかも党籍を変えるたび、その党は弱くなるわけだが、その弱体化、衰退化する党を移りながらも連続当選するのは至難の技だ。

このような二階はなぜ選挙にかくまでも強いのか。その強さの理由はどこにあるのか。というより、そのように選挙の修羅場をくぐり抜けた二階であるからこそ「政治とは選挙である」と言えるのだろう。

もう少し二階俊博の政治キャリアをデータベースを引用しながら紹介しておこう。

和歌山県議会時代

中央大学を卒業後、静岡県選出の衆議院議員で建設大臣を務めた遠藤三郎の秘書となる。遠藤の死後、故郷和歌山県に戻り、一九七五年に和歌山県議会議員選挙に立候補して当選し、連続二期務めた。

衆議院議員時代

一九八三年、旧和歌山二区から自由民主党公認（田中派）で第三七回衆議院議員総選挙に立候補する。五万三六一一票を獲得し、二位で当選を果たした。以後、現在まで連続当選を続けている。

田中角栄に対する配慮と、師・遠藤三郎がかつて藤山派に属していたために江崎真澄に近いことから竹下派結成には参加しなかったが、その後、奥田敬和ら中間派が竹下派に参加したことを契機に自身も参加した。

一九九〇年、第二次海部内閣で運輸政務次官に就任。一九九二年の竹下派分裂時は小沢一郎に同調し、羽田派に参加する。

自民党離党後時代

一九九三年、宮沢内閣不信任決議案に賛成して自由民主党を離党、小沢らと共に新生党結成に参加した。総選挙後に発足した細川内閣で再び運輸政務次官に就任する。細川内閣での政務次官時代は社会党の運輸大臣伊藤茂を差し置いて「影の運輸大臣」と呼ばれた。

細川・羽田政権後、新進党にも参加し、「明日の内閣」建設・運輸・国土政策担当などを務める。小沢側近として小沢の党首選出にも尽力した。一九九六年、第四十一回衆議院議員総選挙で新設された和歌山三区から立候補し、自民党（清和研）の現職野田実を破り五連続当選を果たす（野田は比例復活したが、後に連座制を適用されて失職した）。

一九九八年、新進党分党後も小沢側近として自由党結党に参加した。

自由党国会対策委員長として自自連立政権樹立に動き、一九九九年の小渕内閣第二次改造内閣で運輸大臣兼北海道開発庁長官として初入閣した。

保守党結成時代

二〇〇〇年四月、自由党の政策が実現されないとして連立解消を主張する小沢ら連立離脱派と袂を分かち、野田毅や扇千景ら連立残留派とともに保守党を結成する。自公保連立政権に参加し、小渕内閣を引き継いだ第一次森内閣で運輸大臣兼北海道開発長官に留任した。

同年七月、保守党国会対策委員長に就任。二〇〇一年、保守党党首の扇が野田に党首の座を譲ったことから、保守党幹事長に就任した。

二〇〇二年、保守党の後継政党である保守新党でも幹事長に就任したが、二〇〇三年の第四三回衆議院議員総選挙で保守新党は代表の熊谷弘が落選するなど惨敗し、自民党に吸収された。かくして二階は約十年ぶりに自民党へ復党することになる。

自民党復党後の二階

自民党総務局長

自民党への復党後、旧保守新党の議員らで新しい波（二階グループ）を結成して会長に就任。

二〇〇四年九月、自民党総務局長に任命される。以後、自民党が下野する二〇〇九年までほぼ一貫して政府や党の要職の座につけ、政界再編期の離党・出戻り組の中では異例な存在であった。

二〇〇五年五月、内閣総理大臣小泉純一郎の意向により、自民党総務局長を兼任しながら衆議院郵政民営化法案を審議する特別委員会の委員長に就任する。郵政国会では郵政民営化法案の衆院通過に尽力した上、その後の郵政解散による第四四回衆議院議員総選挙では選挙責任者の総務局長として候補者擁立などに奔走し、自民党圧勝の功労者となった。この大勝利をきっかけに総務局長の地位が見直され、地位向上が行われるようにもなった。またこれによって、比例当選議員が中心ではあるものの二階派の議員数が増加することになり、二階が一定の政治的影響力を持つことになった。

経済産業省大臣

総選挙での功績を買われ、二〇〇五年十月に発足した第三次小泉改造内閣に経済産業大臣として入閣する。二〇〇六年九月、小泉の自民党総裁任期満了に伴い安倍晋三が総裁に就任し、民主党代表小沢一郎への対策として自民党国会対策委員長に任命された。

自民党総務会長

二〇〇七年八月、党三役の一角である自民党総務会長に就任。その直後、自らが代表を務める和歌山県第三選挙支部の政治資金収支報告書未記載問題が発覚する。二〇〇七年九月十四日、自民党幹事長麻生太郎の総裁選挙立候補を受け、自民党役員会において、二〇〇七年自民党総裁選期間中の幹事長職務を一任された。九月二四日、福田康夫が総裁に就任し、総務会長に留任することが決まった。

二〇〇八年の福田内閣改造に伴い自民党総務会長を退任し、福田改造内閣に経済産業大臣として再任された。二〇〇八年九月二四日に発足した麻生内閣でも経済産業大臣に再任されている。

自民党選挙対策局長

二〇〇九年八月三十日に行われた第四五回衆議院議員総選挙に出馬した際は、公明党の推薦も受けて九回目の当選を果たし、同年十月には自民党幹事長の下に新設された自民党選挙対策局長に就任。自身が会長を務めていた二階派は総選挙で二階本人を除く衆議院議員が全員落選し、参議院議員二名と合わせて総勢三名となったことから派閥の維持が困難となった。このため、十一月五日に全員が志帥会（伊吹派）へ合流し、同日付で二階派は解消された。

同年十二月に西松建設事件で政策秘書が政治資金規正法違反で略式起訴となったことを受け、自民党選挙対策局長を辞任する。

志帥会会長

二〇一二年十二月、伊吹文明が衆議院議長への就任に伴い志帥会（伊吹派）会長を退任。後任として二階が同派会長に就任し、志帥会は伊吹派から二階派へと衣替えした。

二〇一三年、安倍政権は二階を衆院予算委員長にして、事実上封じ込めたのだが、二階は逆に与野党の人脈を駆使し、史上最速で予算を衆院通過させ、官邸に実力を見せつけた。そこで、安倍首相は二〇一四年九月、第二次安倍改造内閣発足と同時に行われた党役員人事において、二階を党総務会長に再び任せた。同時に慣例として二階派会長を退任し、同派会長は空席とされた（同派の指揮は会長代行の河村建夫が務める）。

自民党幹事長

二〇一六年八月三日の第三次安倍第二次改造内閣発足と同時に行われた党役員人事で、自転車で転倒して入院した谷垣禎一の後任として自民党幹事長に就任した。

これが公開されているデータベースが紹介する二階俊博の政治キャリアである。政界を縦横無尽に歩き回っていることが分かるであろう。二階の政治キャリアで注目すべきことは、自民党において、党五役といわれる国会対策委員長、選挙対策委員長、総務会長そして今回の幹事長と四役をつとめているが、政調会長という、党内の政策調整に係わる役に着いていないことだ。だからといって二階が「政策」にうといのかといえば真逆で二階は多くの議員立法を提出する一方、「地熱議員連盟」の他、観光や農政、そして諸外国との議員連盟に多く関与している。すなわち各分野の政策に極めて詳しいのだ。二階俊博は政界においても政策においても「東西南北」の人なのだ。

多くの政党を渡り歩いていた二階は自民党に復党後何を考えていたのか。それはたった一つのことであった。小沢一郎とともに脱党した仲間たちを、小政党になったとしても、当選させること、この一点に尽きる。二階俊博ほどそうした同志を大事にする政治家は他にいない。面倒見が良すぎるくらいにいいのだ。落選した仲間にも気を遣う。落選どころか、党を除名された政治家、たとえば郵政民営化に反対し、自民党を除名され国民新党を作った綿貫民輔の復党に尽力し。同じように自民党を離党した野中広務の復党にまで努力している。師と仰いだ政治家、同じ釜の飯を食べた政治家には年を経ても救いの手を差し伸べるのである。常に選挙を考えている二階俊博は幹事長になるや否や解散風を吹かせ始める。解散権こそ首相の専権事項であるにもかかわらず、解散近しと言って新人議員たちを緊張させるのだ。場合によっては勝てない候補は取り換えるとまでいうのである。選挙によって政治家は鍛えられるという二階の信念は幹事長になって更に確心を強めているではないか。

道路族とは何か

政界であれ、政治ジャーナリズムの世界であれ、二階俊博と言えば「道路族」あるいは「セメント族」「たたき上げの政治家」等々、批判的な評価がある。そのような評価を二階俊博本人はどのように受け止めているかは知らないが、わたしはだからこそ二階俊博は真の政治家の一人であると思っている。

古代中国の格言に、政治とは水を治めることだという言い回しがある。これは黄河という荒れ狂う巨大な河をどのように治めるのか。それが古代中国政治の課題であった。そこに「堯」と「舜」という男が現れ土木工事を行い黄河の大洪水、大水害を減少させたという伝説が生まれたわけだが、政治とはそもそも、

人々を自然災害から守るため「土木工事」を。

人々が多く交流できるための「道路整備」を。

人々を外敵から守るために「城塞」を。

人々がより多く安心して暮らせるために「住宅」を。

そうしたものを作ることが、政治の仕事であった。

あの秦の始皇帝からして自分専用とはいえ始皇帝道路を作り、万里の長城を作り、……。と言ったように、道路や大広場を作ることが自分の仕事だとばかりに、インフラを作っていった。また「南船北馬」といわれる中国。江南から北京を結ぶ運河建設までしているのである。

徳川家康の偉大さも利根川の流れを変え、沼地である江戸を人々が多く暮らせる都市に作り変えたことではないのか。徳川幕府が長く続いたのは人が多く住まない江戸という場所を当時の世界でもまれな巨大都市を作り得たからであった。家康もまたインフラ政治家なのである。

後藤新平は関東大震災の後、東京をどのように復活させるのかを考え東京の都市設計に着手している。後藤もインフラ整備的政治家であった。

ナチスドイツのヒットラーが犯した罪はここでは触れないが、ヒットラーがあれほど国民を熱狂させた一つの理由にアウトバーンという高速道路を世界のどこより先駆けて作ったことではなかったのか。

アメリカにおいても、偉大な大統領とされるルーズベルトも「TWA」すなわちテネシー川に巨大なダムを作ったことも忘れられないし、アイゼンハワー大統領は全米を高速道路で結ぶ法案を成立させ高速道路の生みの親とまで言われる。アメリカ版の「道路族」であった。

暴言王と言われるドナルド・トランプが支持され当選した理由のひとつに、彼がルーズベルトのような大公共事業を実行すると公約した点も忘れてはならないだろう。

田中角栄が日本全土に道路網を作り上げる「日本列島改造論」をぶち上げたことは、ここであえて取り上げる必要はないであろう。

現代の政治家ですらそうなのであるが、古代ローマを考えてみれば更に良く分かる。ローマ文明が偉大であり長く続いたのはローマが法を整備したことだと言われるが、それ以上に「ローマはすべての道に通じている」といわれるように道路建設に長じていたことであった。ローマは今日でも残るほどの道路や箱物を多く作っていたのである。偉大なるローマ帝国は土木事業と共にあったのである。

農地を新しく作るにせよ。森林を切り出すにせよ。あるいは、無人の土地に町を作るにせよ。そこに至る道路を作らなければ、始まらないのではないか。「道路族」と言われることは、「あなたは真の政治家である」と認められたことの「別名」なのである。しかし、日本においては「土建屋政治」と名付けられるから不思議だ。日本全土の八割近くが山と森であってみれば、土木工事なくしてどうして日本人の生活が可能か、と言いたくなるではないか。

アメリカが戦後世界最大の経済大国になった大きな理由はアイゼンハワーによって全米を東西南北いたるところに道路及び高速道路をいち早く作り上げたからである。

また中国が過去二十年くらいの間に世界的な経済大国になった最大の理由も道路・高速道路を爆発的スピードで作りあげているからである。農村と都市部に二極化されている中国を、道路網を整備することで、未だ問題は残しているもののインフラ整備に関しては「一つの中国」に向けてこれをさらに押し進めているのだ。

習近平が唱えている「一帯一路」とは陸と海に長大なインフラを作ると宣言していることなのである。

他方では多くの人材を抱え、かつ地理的な大国であるインドが、経済的に大きく遅れているのは中国やアメリカのように道路網を作り得なかったからだと言えるだろう。

ロシアが遅れている理由は余りにも広大であるがゆえに道路インフラを作ることができないからでもある。プーチン大統領はそのことに気付き日本海に面したウラジオストクを大開発しこれを拠点としたインフラ整備を目指していると思われる。

このようにローマ帝国や古代中国から現代のアメリカ、そして現代中国、ヨーロッパにおいて政治家は道路作りにそのエネルギーを費やしてきたのであった。

田中角栄は「日本列島改造論計画」を持ち出すまでもなく地形的に道路作りには極めてハンディの多い日本列島を隅から隅まで道路を作りトンネルを掘りして変えようとした。道路族政治家のチャンピオンであった。

すなわち、政治という世界にはいかなる国のいかなる時代にあっても「道路族」という強力な少数民族が住んでいるのである。

そうした政治家の文脈からみても二階俊博は道路族という政界の少数民族と言えるであろう。いや本当のことを言えば「道路族」とは政界にあってはマジョリティ民族なのである。

わたしは「道路族」という言葉を使ったが改めて考えてみると「農林族」「商工族」「外交族」「金融族」「厚労族」「文教族」「防衛族」等々、なぜか政界においては、政治家を分類するとき

「族」という区分けされる。そうした「族政治」の中心にあって、その予算獲得規模において、地元への貢献度において、「道路族」ほど影響力を持つ集団部族はない。なぜなら、それらすべての部族に対しても「道路」あっての「農林族」であり「観光族」だからである。「政治とは税に始まり税に終わる」これは真実である。その税を使うためには道路という基本インフラがあってのことだ。とすれば、政治も道路に始まり、その道路を上手に活用することで多くの税を集めることが可能となるわけだから、道路作りこそ政治の王道ということになるのである。

そもそも「道」と「路」はどのような意味なのか。

古代中国文字の大家である白川静の「字統」は次のように述べている。漢字とはそもそも人間と神との対話のために発明されたものであると考える白川は「道」とは異族の首を携えて道路を祓い先導することを示す。「路」は祝いごと。

「道」の字源は白川が解説したように異族の首を携え道路を祓い、先導することでありそれが「路」として祝祭の道であるなら、始皇帝はこれを自覚し、あの始皇帝道路を作ったのであろうか。と言うより、道路作りを命じたとき異族の首を携えて進む、我こそ天下人なりと思い知ったのかもしれない。まさに始皇帝は道を作ることで中国統一の覇者となったのである。

魯迅の言葉によく知られる「道はない。人が歩けばそこに道はできる」がある。

二階俊博もよくこの言葉を使う。魯迅のこの言葉はもとより道路建設を奨励するためのものではない。あくまでも人の生き方を述べたものだ。

しかし、日本であれ、中国であれ人間は何と「道」という言葉を多用することか。剣道、柔道、合気道、華道、茶道、香道、それらの技を訓練する場所も道場と名付けている。

中国では民衆宗教としての「道教」がある。わたしたちの日常生活においても寄り道、別れ道、道草、回り道、等々「道」という言葉に満ち満ちている。

欧米の文学作品にも「路上にて」(オン・ザ・ロード)、「インドへの道」等々数多くある。私も若いころの移民生活をまとめた「ストロベリー・ロード」を書いた。なぜか、人間という生き物は「道」あるいは「路」という文字に心惹かれるものがあるらしい。

話が横道に逸れてしまった。本稿では物理的な「道路」について考えている。

二階派の研修会

二階俊博の政治生活は建設大臣を務め、東名高速道路を始めとする道路行政に最も詳しい遠藤三郎の秘書を長くつとめたことで、政治家になる前から土木建設、治水工事、自然災害対策、道路建設等々、インフラ整備に係わっていることは前に書いた。

では、国政の政治家になった後どのように二階俊博は「道路」に係わっているのか。

政治家は一派一団を形成すると、いわゆる派閥研究会という勉強会的な会合を定期的に開催する。それは仲間の更なる親睦と結束を強化することが主たる目的である。派閥とは「同じ釜の飯を喰う集団だ」と言った政治家がいるが、常に一緒に食事をすることで仲間意識を高めるというこの考え方は動物の本能をよく知った言葉である。

研修会と名付けられるこの会合は、たいてい軽井沢とか箱根といったいわゆる静養地で行われる。しかし、二階俊博はそうした土地に派閥の研修会を選ばない。どちらかといえば中央から離れた自治体で開催する。例えば幹事長就任直後、北海道で会合を持った。そのとき、丁度、台風が襲来し北海道は記録的な豪雨に見舞われ大きな水害が発生した。すると二階らはホテルでの会合を切り上げ、現場の被災地に急行した。まさに政治の現場がそこにこそあると常日頃より考え行動する二階の判断である。

政治とはそのような災害から人々の暮らしと国土をいかに守るのか。そして災害が発生したなら、それをいかに早く復旧させるのかである。そのことを体験する、願ってもない絶好の機会ではないか。

二階がこうした地方を研修会や派閥の会合に選ぶのは政治の現場を派閥の仲間に体験させたいこともあるが、これを受け入れる地方にとっても小なりとはいえ経済効果も発生するからである。

数十人の宿泊費、交通費、飲食代等がその地元に落ちるし、何よりも地元選出の代議士や総選挙のとき、応援弁士として立ち寄る政治家を除けば政治家が多数、そうした地元に出向くことはないので、それだけでも注目される。このことは派閥の知名度をさらに高める宣伝効果も大きいのである。

二階グループは沖縄県でも大挙して出かけ派閥研究会を行っている。沖縄県へは担当大臣を主として防衛関係の政治家以外多くは行かない。しかし、派閥研究会として四十名近い政治家が出向けば、これまた、いささかの経済効果が生じるだろう。受け入れる沖縄県民にしてみれば、テレビや新聞を通してしか存在を知ることのない政治家の生の顔を見ることができる。そして出会った県民と握手すればやがて票にも結びつくであろう。

二階の発想で面白いのは折角、沖縄まで大挙して来たのだから在沖縄米軍基地を表敬訪問しようと発案し、一同で海兵隊基地に向う。だがそのとき二階は沖縄の古着屋から海兵隊の軍帽子を手配しこれをメンバー全員が被って訪問したのである。

軍事基地で兵士に会うなら敬意を表すために、せめて軍帽子くらい身につけようと考える二階俊博である。

日頃、日本防衛のために沖縄に駐留しているはずなのに、基地の問題を巡って沖縄にあってはいささか、肩身の狭い想いしている米兵士たち、そこに自分たちと同じ海兵隊の帽子を被って数十人の日本の政治家が訪ねて来てくれる。これほど効果のあるアイディアはない。

翌年、二階俊博の地元和歌山県で二年に一度の全国旅行業者協会の全国大会が開催され一万人余りの旅行業界関係者が集うのだが、なんとそこに沖縄の海兵隊関係者数名が参加したのである。民間の全国大会に米軍兵士たちが参加することなど前代未聞のことだろう。岡崎久彦が「二階さんは外国に出向いても相手の要望を聞いてくる御用聞きではなく、先方にも仕事を押し付けてくる。ちゃんと元を取ってくる政治家だ」と語ったことは前にも述べたが、アメリカ海兵隊からもちゃんと元を取っているのである。

「政治とは選挙のことである。選挙対策のことである」と二階は言った。例えば、北海道での研修会においても、そこが敵対政党の代議士の本拠地であっても出向き、握手をし、顔を見せる。そうすることで、敵陣営の票田という選挙畑に、たとえ一粒であってもなにほどかの芽を出すであろう。と信じるからである。

こうした研修活動（本当は選挙区土壌改良なのだが）も、すべては選挙対策なのである。

沖縄の話に戻すと沖縄には「二階俊博後援会」がある。政治家は地元以外でも大物ともなれば「後援会」という組織団体を各地に持つことがある。しかし、遠い沖縄県に後援会を持つ政治家は二階俊博以外いないのではないのか。そのような二階の布石は幹事長になって効果を発揮する。米軍基地移設を巡って政府と全面対立状態にある沖縄の翁長雄志知事は二階が幹事長になるや、直ちに上京し会談を行っている。二階はこの翁長知事の兄貴とは古い付き合いがある。政治を動かすのは最終的には人間同士の信頼関係である。沖縄に「後援会」まで持つ二階のこと、これを恐らく重要視する沖縄県人翁長であれば、二階こそ、この膠着状態を突破してくれるかもしれないと考えたであろう。これを受け二階は幹事長就任直後の九月十三日沖縄県に向かい翁長知事と会談するのである。

沖縄問題という日本政治の難問中の難問、これを誰が解決するのか。それには沖縄県特有の人間関係と、沖縄が沖縄である歴史的土壌を知るものでなくてはならない。

派閥を引率して東西南北に出かけその土地土地の政治土壌に種をまき票に変える二階俊博であれば沖縄という土壌とも和解できるのではないか、と思わせるものがある。そういえば二階俊博は野中広務の後継人として「全国土地改良事業団体連合会」の代表に就任している。これは蛇足ではある……。

沖縄については培ってきた人間関係は思わぬことで役立つとっておきの秘話がある。民主党（旧）が政権担当しているころ、鳩山由紀夫、菅直人の次に誰がなるのか、という議論が始まったころ。わたしの元に野田佳彦から「二階俊博先生とお会いする機会を作って欲しい」との電話があり、一席をもうけることにした。

わたしはこの野田佳彦と今は亡き財務省の香川俊介、後に日銀理事となる桑原茂裕、そして彼ら三人と極めて親しいイマジニア（株）の神蔵孝之らと福澤諭吉の『文明論之概略』を読む勉強会を一年近く行っていた。神蔵孝之と野田佳彦とは松下政経塾の同期生ということもあり、わたしは神蔵から野田を紹介されていたのである。そんな縁もあって党内の首相候補選びの直前だったが二階と野田を合わせることにした。そこでの話の内容は省くが紹介したい話は次のようなものである。

「初めて、野田先生とはお目にかかり、話をするわけですが、初対面には思われません」

二階が口火を切ると、

「そうなんです。わたしは二階先生には恩義があるのです。熊谷弘さんから二階先生のことは聞いておりましたが、わたしの民主党の党首選の時、お世話になりました」

野田は意外なことを言う。野田が語るのは結党して間もないころの民主党の党首選挙に出馬することになったが、この選挙においては国政の政治家の一票も大切だが県単位から集められる党員票が極めて重要である。しかし自分は全国的知名度があるわけではないので、そこが悩みの種であった。そんなことを熊谷弘に相談したのだという。

その話を聞いた熊谷弘は、その時は民主党の政治家であったが、二階らと共に自民党を離れ、二階と共に保守党結党まで一緒という同じ釜の飯を喰った仲である。熊谷弘はこの話を二階に持ちかけた。

さすがに選挙のためには何でもする二階とはいえども困ったであろうが、頼まれた仕事は実行するのが二階俊博である。

二階は表にはでず、秘かな行動を開始する。地元和歌山県であれば労働組合や民主党系の県会・市会議員とも人間関係があるというわけで、彼らに手を回し、民主党の党首選に野田をよろしくと根回しをするのである。もう一つ沖縄県に二階後援会がある。それどころか総選挙となれば、その沖縄県人会から遠い和歌山県の二階選対事務所のボランティアの手伝い人までやってくれるほど沖縄県とは縁が深い。これを考えて二階は熊谷弘に頼まれたように敵対政党の党首選挙にまで秘かに協力するのである。

その結果はどうであったのか。全国的知名度が無い野田佳彦は政治家の票においても、地方票においても大敗するのだが、四十七都道府県票のうち勝利したのは、千葉県を地元とする野田佳彦にとって縁もゆかりも無い遠い他県の和歌山県と沖縄県の二つの県のみであった。誰よりも驚いたのは当の野田である。

「地元の千葉県でも勝てないのにどうして、和歌山と沖縄県で……」と。

後に熊谷弘が「それは二階先生のおかげである」と野田に伝えたらしい。

野田はそれに対するお礼をどうしても遅ればせながらしたかったのだ。この会食から一ヶ月もせず野田佳彦は第六十二代内閣総理大臣になるのである。

それから、また一年余りが経ち解散総選挙に打って出る野田佳彦の民主党は歴史的な大敗となり、野田は仲間議員を百人近く落選させた罪に問われ、失意のどん底を経験する。誰にも会わず、というよりも会えず。ただひたすら仲間を落選させたという十字架を背負い生きていた。

ある日、その野田から「もう一度、二階さんに会いたい」という連絡を受けた。既に一度は会っているし、そもそも首相にまで上り詰めた政治家ではないか。自分から面会を申し込めばと思いはしたが、言われたように、二階俊博にその旨を告げると二階は快諾してくれた。その時の話の内容については詳しくは触れないが、紹介したいのは失意の人間に対する二階俊博という政治家（この場合は人間と言いたいが）の心遣いであった。

仲間を大量に失職させた責任で胸もはち切れんばかりの野田に対し二階は次のように述べたのである。

「総理……。仲間を失わせたことに対する責任は、総理に比べれば、わたしの経験なんて大したことではないが、同じように深く悩んだことがある。わたしは自民党を出てから何年も経って十六名の同志と共に自民党に復党を許された。そこでのわたしの仕事中の仕事といえば、これは一緒に自民党に戻った仲間を次の選挙に全員当選させること、これに尽きる。しかし、こともあろうか、その時選挙のない参議院議員三名を除けば、自分以外の衆議院議員十二人を全員落選させてしまった。自分を信じてついてきてくれた仲間を一気に失ってしまった」

二階が言うのは、二〇〇三年第四三回衆議院選挙で二階が属する保守新党（代表熊谷弘）は、その熊谷弘まで落選し、後に、十年ぶりで自民党に戻ることになる。復党した二階は新しい仲間と共に「新しい波」と言うグループを結成する。一九九三年頃に始まった政界再編成の波は、自民党一強時代からいくつもの政党を生み、また分裂し、その結果自民、民主の二大政党に収斂しつつあった。

そうした中で二階は、離党出戻り組の受け皿の代表的存在として、同志仲間と共にあった。しかし、復党した仲間は二〇〇九年の選挙で二階を除けば全員が落選する。二階俊博はたった一人になってしまうのである。二階俊博の政治生命は終わったと言われるのはこの頃の話である。

「仲間を失った総理の気持ちはよく分かる……」

二階はその頃をふと思い出したのか、言った。「政治とは選挙である」と言い切る二階であってみれば、選挙の最高責任者である党首、しかも野田佳彦は首相である。その総理の下で仲間が大量に落選した。自分も小ながら政治集団の責任者であったが、落選させた。二階はそれ以上多くは語らなかったが、二階が野田に同情心を持ったことは、その表情からもよく理解できた。

その時の野田は二階の励ましを重く受け止めたであろう。野田は後に「自分も二階さんのようなタイプの政治家にもっと早くお会いしたかった」とわたしに語っている。それから三年近く経ったわけだが、二階俊博は与党の幹事長に、野田佳彦は党名を民進党にかえた党の幹事長として、向かい合うことになった。二人の間にも政界の人間模様の不思議さを感じざるを得ないと同時に、野田においては二階から受けた感想を大事にして進んでもらいたい。

このように四十四歳で国政に出馬し自民党員としての政治家人生をスタートした後、五十五歳にして離党し、六十二歳にして、復党する。文字通りゼロから、いやマイナスからたった一人での再スタートであった。孔子風にいえば、「不惑」の四〇代に政界に入り、「天命」を知るはずの五十代に離党や多くの新党結成に参加し、「順耳」耳に順うはずの六十代にそれこそ、「耳に順ったのか」やはり自民党に戻る。そして、「矩を超えず」の七十代も中期を過ぎ、矩を超えずどころか、大きく超えて自民党幹事長という権力の中枢にまで上り詰め、更に進化と深化を続けているのが二階俊博である。

敵対する政党の党首であっても、たとえば野田佳彦がそうであるように失意の中にあれば出かけて励ます二階俊博。この行動と思いやりは先に上げた宮澤賢治の詩『雨ニモマケズ』を連想させるではないか。こうした他者、あるいは失意の政治家に対する心遣いは、二階だけに限らず、自民党の政治家は人知れずに似たような行動をするものだ。

これに似た話を付け加える。

自民党の器

二〇一二年、尖閣諸島で中国漁船が日本の公船に体当たり（いや船当たり）する重大事件が発生した。民主党政権はその漁船の乗組員を逮捕することで日中関係は重大な局面を迎える。その

頃、旧知の民主党政権にあって要職にあった政治家から、

「残念ながら我が党内には中国と太いパイプを持つものがいない。誰かを送りたいが、これはと思われる人間がいない。それに党内は菅直人と小沢一郎が正面から激突する党首選のこともあってそれどころではない。しかし、そうは言っていられない。二階さんに話ができるか」

と連絡が入った。そこでわたしはこの旨を二階に伝えると
「うーん。出かけてもいいぞ。但し、総理（菅直人）からの直々の依頼であれば、の話だが」

このとき、菅直人は民主党の党首選に忙殺されており、対中国との問題は仙谷由人が担当していたが、仙谷もそのことで悩んでいた。

「でも、民主党政権のために中国に出掛けられますか？」

「それはそうだ。自分が民主党に頼まれて中国に出かけるとなれば、党内から猛烈な反発が出るだろう……。しかし、そんなことを言っている暇はない。これは国家的一大事だ。そう言う時には与党も野党もない」

と二階は言い切ったのである。

もう一つ、この話に平行して自民党の中川秀直元官房長官からも連絡があった。中川秀直はわたしが菅直人らと古い知人であることを知っていたし、自民さきがけ社会党の村山内閣連立政権時代、自民党からの首相補佐官をしていたこともあり、野党とも人的なつながりのある政治家。その中川が「自分にも中国とのパイプがある。何なら自分も出かけてもいいよ。しかし、民主党政権より本気で頼まれるのであればだが」と自ら言ったのである。わたしは、この中川秀直と共

にこれより前、三回ほど中国に出向き中国政府高官と会っていた。

二階にしろ、中川にしろ、このように国家的な危機の時は与党も野党もないと考える政治家が自民党には少なからずいるわけで、これが自民党の強さの源泉と言えるかも知れない。

しかし、二階や中川の意向は実現せず、民主党は中国共産党とはパイプをもたない細野豪志を送り、何の成果を上げることもなく帰国し事態は更に悪化するのであった。

話を元に戻す。これまで述べたように二階は率先して派閥の研修会を地方都市で開催する。派閥を引率して行うのは研修会だけではない。例えば、トンネル内で落下事故があれば、仲間を集合させ、ヘルメットを被りバスを仕立て現場に向かう。水害が発生したとなれば、極力メンバーを集め、現場に向かう。この視察団派遣はそうした土木建設に係る現場だけではない。

私は二〇〇二年から八年まで秋田公立美術工芸短期大学（現在は四年制の秋田公立美術大学）の学長をつとめた。秋田県には中嶋嶺雄を学長として開学した「国際教養大学」が日本国内に於いても最も注目される大学となっていた。そんな話を二階に伝えると二階は「それなら若い政治家たちに石川さんの大学とその国際教養大学を視察させよう」と言って、六、七名の当選一、二回生を秋田に送ったのである。その政治家たちは秋田県を選挙地盤とするものは一人もいない。

「これは選挙区の問題じゃない。そういう全国が注目する大学なら、行って見るだけでも若い政治家には何か得るものがあるはずだ」

ということとなり彼らは秋田県にやってきた。

喜んだのは大学当局である。地方の大学に全国的に、ほぼ無名と言っても現職の政治家が五名も六名も視察に来てくれる。こんなことはこれからもあり得ない話だ。と言う次第で穂積志秋田市長が案内人としてわたしの大学にまで来てくれたのであった。選挙を考えれば彼ら政治家にとって秋田県には何のメリットもない。しかし、縁もゆかりもない米どころ秋田の票田に「二階グループ米」の種は撒かれたのであった。

そして、それから数年して、二階俊博は「国土強靭化」運動のキャンペーンのため本人と元官房長官の河村建夫と共に秋田にやってくる。「国土強靭化」を世に広く知らしむためのキャンペーンツアーの第一回目が秋田市であった。毛沢東流に言えば、農村が都市を包囲する、である。二階は多くの政策を立案するが、それらを世にしらしむため、必ず地方から始める。原発事故の後、日本のエネルギー確保のため「地熱議員連盟」を立ち上げ、全国で地熱エネルギー発電可能な土地を行脚するのである。またその地方には何らの利害もあり得ないと思われる政策であっても、地方に仲間を連れ出かけ、そこから法律やアイデアを諮るのである。選挙においては、ほとんどの政治家は、人が多く集まる都市部の駅前で第一声を発するが、これとは真逆に小沢一郎が「川上から川下へ」と言って選挙の初日、山間部の人の少ない町村で第一声を行い、そこから人の多くの集まる都市部に向かう選挙術を実行しているが、二階のこうしたやり方は選挙とは直接関係はないが「川上から川下へ」と少ない人間の前で自説を語り、それが少しずつ広がっていくという戦略かと思われる。すなわち、川の源流はチョロチョロとした水しか流れていないが、道中から少しずつ川幅は大きくなり、大河となって海に注ぐ、この自然界の原則に則って政治を実行する、と言うわけである。まさに農村（弱小勢力）が都市（大勢力）を包囲すると言う毛沢東流の考え方ではないか。

二階グループの地方研修セミナーは、自民党に復党した後に始まったわけではない。たとえば保守新党に在籍していた二〇〇三年九月、鹿児島県屋久島において、三〇〇名を超す人間を集め保守新党全国研修セミナーを開催している。

その時のパンフレットに記載されているゲストスピーカー名と演題を紹介しておく。

日本再生に今、何が必要か　森田　実先生（政治評論家）
九州経済の動向　鎌田迪貞先生（九経連会長）
現下の国際情勢と日本外交　岡崎久彦先生（外交評論家）
当面の政局について　町村信孝先生（自民党総務局長）
敗者を弱者と読みかえるのはもうよそう　松井道夫先生（松井証券社長）
観光街づくり戦略について　金澤　悟先生（国土交通省観光部長）
社会保障の今後と経済　坂口　力先生（厚生労働大臣）

このような遠い島での研修セミナーにも岡崎久彦は二階に頼まれ出席していたのである。こうした全国を回る二階グループの研修会が二階をして全国に選挙基盤を作っていくわけである。

選挙の神様とまで言われた田中角栄の有名な言葉に、「政治は数なり。数は力なり。力は金なり」がある。確かにそうかもしれないが、そこまではっきりと言うなよ、と政治家は内心では同意しながらも自分もそう思うと明言はしない。ここで田中が暗に言っているのは、政治とは選挙によって選ばれた政治家の数のことである。その政治家もグループの数が大きくなってこそ力を持つ。そこで得たグループの力は金を生む。と言うこととなる。何と、政治と政治家の本質を突く明言ではないか。しかし、このセリフはあまりに真実を突き過ぎるので、「そうだ・そうだ」と当の政治家もメディアも庶民も大賛成するわけには行かないのである。

「田中角栄百の名言集」的な本まで出版されている昨今、これらを開いてみると田中角栄がいかに人間通であったかが分かる。

ただそれだからと言って、田中角栄が偉大な政治家であったとは言い切れない。

田中角栄は「偉大なる反面教師的政治家」であった。

トランプが大統領に

本稿を書き進めている途中、アメリカの大統領選挙があった。「政治とは選挙である」と言い切った二階俊博の言葉を再び思い起こすことになったので、アメリカの大統領選挙の結果を、わたしなりに分析してみたい。以下は大統領選直後山形県の『荘内日報』(二〇一六年十一月八日)に書いた文章である。

トランプ現象の背景

イギリスでEU離脱を巡り国民投票が実施され、まさかの離脱が勝利した時、世界に衝撃走ったが、アメリカ大統領選挙におけるトランプの勝利は、それをはるかに超えるショッキングなニュースとして世界に伝わった。

なにしろ、アメリカ通を自他共に認める学者・ジャーナリスト・専門家の予測は日本だけではなく、本家のアメリカにおいても、ほとんど当たらなかったのである。

なぜトランプの勝利を予測できなかったのか。予備選の段階においてもトランプの暴言は、これまでのアメリカの選挙においてあり得ないほどひどいものであった。しかしトランプは修正するどころか、さらに過激な発言を繰り返し、同じ共和党の候補者はあきらかに「なぜこんな男と議論をしなければならないのか」といった不快感の表情がテレビを通して流れ、さらに有力な共和党の大物たちが次々と、こともあろうか同じ政党の政治家を非難しはじめる。

こうなれば、どう考えても、トランプは勝利するはずが無い。出馬した同じ政党からもNOを宣告されたからである。しかしメディアが、同じ政党の政治家が、学者が、大物経済人が批判すればするほど、ここが重要なのだが、それに反比例するかのごとく、声無き声は、トランプ支持に動き出していたのである。

その声なき声、姿を見せない支持者たちは、トランプを支持したというよりは、トランプを批判するいわゆるアメリカの体制派に対する憎しみが、彼らをしてトランプに投票する要因となっていたのである。こうした隠れトランプ支持者にしてみれば、味方の口撃にたじろぐことなく、たった一人になっても自説を修正せず、テレビ討論においても、堂々と相手のヒラリーを罵倒するトランプに自分たちが持つ出口の無いフラストレーションのはけ口を見つけ出していたのであった。

アメリカの草の根には対極ではあるが、二種類の顔がある。ひとつは家族を愛し、まじめに仕事に励み、教会に通い、社会の奉仕活動に参加する。いわゆる「良きアメリカ人」である。こうした人々がアメリカを支え、アメリカ民主主義の安定に貢献してきた。もうひとつは西部劇の伝統をひく、アウトロー、一匹狼的生き方を好むと言う精神である。自分個人の生き方と美意識を最優先し、馬上で一人になっても格好良く、町の、あるいは荒野の悪漢たちをこらしめて、決して徒党を組むことなく「オレはオレの道を歩む」そう秘かに言って、次の町に出かけるアンチヒーローである。トランプはどちら側の人間なのか。もとよりトランプは億万長者であり、西部劇がイメージする格好のよい人物ではない。

しかしトランプは自力でアメリカ有数の不動産王となり、美女をはべらせ、テレビのトークショー番組を持って、暴言王の異名を持つ異色異能の人間であった。

トランプの略歴を見れば、歴代アメリカ大統領のイメージから最も遠い存在である。にも係わらずトランプは勝利した。この要因は嫌われようが罵倒されようが、数々の女性スキャンダルを暴露されようが怯むことなく「攻撃は最大の防御なり」を地で行くがごとく、めげずに、たった一人で大統領選挙を戦ったからであろう。

相手のヒラリーは体制派の知識人、ウォールストリートの企業人、そしてハリウッドの大スターたちの応援を受けながら戦っていたが、それとは真逆に、トランプは暗に、ヒラリーを応援しているアメリカ人たちに敵対する声無きアメリカ人に向けて、「敵はヒラリーとヒラリーを支えているメディア、企業人、知識人たちだ、あいつらがお前たちを苦しめ、馬鹿にしているのだ。その代表がヒラリーだ。ヒラリーを倒せ」というメッセージを送り続けていたのである。

しかし、このトランプのメッセージが、どこに向けていたのかを、ジャーナリストたちは分析することも、知ることが無いまま、選挙当日を迎えたのであった。

トランプはアメリカの社会で、すっかり忘れられていた「アンチヒーロー」に対する共感という無意識に点火し、大爆発を起こしてしまったのだ。しかし、そのことがこれからのトランプ政権が背負う十字架となる。果たしてトランプは憎しみという名の寝た子を起こした責任をどれだけ取れるのか、世界の注目する所以である。

選挙には、これはアメリカの話ではあるが、ショッキングなことが多々起こるという見事な事例である。選挙ほど怖いものはないと改めて世界中の政治家は思い知ったであろう。

話はややそれるが、トランプが国内政治に対する公約に、大型の公共事業を開始するというものがある。これは、耐朽年数を終えつつある、橋、道路、地下に張り巡らされた水道管、電気、ガス等の生活インフラを、大修繕するというものである。ルーズベルトのニューディール政策に比する公共事業を行うというわけで、この業界の株価が上昇を始めている。

これは、二階俊博が唱えているアメリカ版の「国土強靭化」ではないのか。これを知り二階は内心喜んでいるのではと思われる。ということは暴言王トランプも道路を作り補強するということであれば、本章で述べたように彼も政治家としての王道を歩むことになる。果たしてその結果は、トランプ・ディールとして後世に名を残すころになるのか……。

この章の締めくくりに、二階俊博による「政治芸」の極致を紹介したい。

防衛庁を防衛省に

政治において最も難しい仕事の一つは、行政改革である。国家という機関は、人間生活のあらゆる領域に省または庁と名付けた執行機関をもって統治する。しかし、この統治機関は時代と共に変化を強いられるのではあるが、既得権益となってしまった以上、これを変えるには一内閣が重大な危機に直面することすらある。直近では橋本龍太郎内閣の時、いわゆる「橋本行革」といわれる、省庁の大再編成が断行され、大蔵省は金融と財政の分離が叫ばれ「財務省」と「金融庁」に再編され、厚生省と労働省は「厚労省」に、文部省は科学技術庁と一体化され「文部科学省」に、あるいは、「運輸省」「建設省」が統廃合され、新しく「国土交通省」に生まれ変わる、等々。また省庁あるいは省に存在していた部局が、例えば国土交通省内の観光部局が「観光庁」への格上がなされたりもした。

戦後政治史において、このようにいくつもの省や庁や部局が合併したり、吸収されてきたのである。その行革において、最も難しかったのは、防衛庁を防衛省へと昇格することであった。何しろ戦後憲法は「第九条」が明記するように「陸・海・空」これを持たずとなっているにも関わらず、「警察予備隊」を皮切りに、いつの間にか「防衛庁」が出来上がっていたからである。

国家が軍備を持たない。そんなことがあり得るのか……。

これは戦後史における一大争点であった。憲法の制約があるにしろ、軍備のない国家が成立し得るのか。社会党の村山富市内閣が成立した後、同内閣は自衛隊は「違憲であるが、合法的存在である」という名解答を下していた。

長らく政権を担当していた自民党は、この「防衛庁」を何とかして「防衛省」あるいは「国防省」に格上したいと常に考えていたのだが、もしこれを国会に発議すれば、軍国主義の復活かと批判され内閣が吹き飛んでしまうだろう。ということで、どの内閣もしり込みしていた。

「消費税を上げる」と声明を出せば選挙に敗北する恐怖心がある内閣にとって、これは言えない。同時に防衛庁を単に「省に格上する」といっただけで繰り返すが軍国主義の復活かと野党やメディアまでもが猛攻撃するのでこれも言えない。世界第二位の経済大国となり、世界の安全保障に対しても応分の責任がある日本ではあっても、これだけは執政党であっても言い出せないのである。

誰がこれをやるのか。というよりも誰だったらこれが出来るのか……。

陸奥宗光の言葉を何度となく引用するが、「ここの所は、ただただ知恵のあるものとヒソヒソと論じるべきで、愚者とは決して話し合ってはいけない」。

すなわち、この難問に立ち向かい解決できるのは、人に知られることなく、実行できる人物に限定される、ということになる。

この時、日本政治において、これが出来たのが二階俊博であった。政界において二階が防衛や外交に関心があると考えている人は、皆無に等しい。しかし、二階はその分野における透明人間であった。二階は前にも挙げたが、防衛庁長官金丸信が最も評価し、また一代の防衛・外交論史家であった岡崎久彦氏とも親しく、更に遡れば二階が遠藤三郎の秘書を務めていたころ佐賀県出身の杉原荒太防衛庁長官と知り合いになっていた。

杉原は米国のバーモント大学に留学経験を持つ外交官で、南京総領事を勤め、条約局長を最後に退官し、昭和二十五年佐賀県より参議院選挙に出馬当選。昭和三〇年三月の第二次鳩山一郎内閣では防衛庁長官になっている。

少し余談になるが、杉原荒太には数々のエピソードがある。外務省の役人時代、時の総理大臣吉田茂に対しても、総理といっても元をただせば、自分と同じ外務官僚ではないかと一歩も譲らず、吉田茂に会おうともしない。たまりかねた吉田が自分を訪ねてこない外務省の一役人に、わざわざ自分から出向いたというエピソードさえあるくらいの硬骨漢であった。

この伝説的外交官政治家と、二階は遠藤三郎の指示で、選挙を手伝うため、佐賀県に二か月間も一緒に滞在する。ところが選挙遊説を巡って、杉原と選挙事務所関係者の間に騒動が起こる。仲介に入ったのが東京から手伝いに来ていた二階俊博であったが、杉原は譲らない。二階は必死で説得すると、杉原は「そんなにまで言うなら、自分は明日にでも選挙運動を止める。参院選挙から降りる」とまで言い出したという。

この時の話を二階は今でも覚えているらしく、

「若いころより、多くの政治家に会ったが、大臣経験者が、選挙期間中にやめるなんて言い出したのは、後にも先にも杉原荒太先生だけだと思う。とにかく妥協せず、自分のスタイルを押し通すその意志の強さに随分教えられたね。杉原先生は遠藤三郎先生と共に忘れることのできない政治家だ」

と、懐かしそうに語ってくれた。こうした防衛庁に深い縁のある政治家たちとの付き合いが、二階の潜在意識にあるはずだ。

二〇〇六年十二月、第一次安倍内閣において、防衛庁から省への昇格法案は成立するのだが、その経緯を紹介する。

一九五四年七月、防衛庁が設置され、陸・海・空自衛隊が発足。一九六四年六月池田内閣が省庁再編を巡る行革会議における最終報告会議においても「これ（防衛庁から省への変更）は政治（国会）の場で評論すべき課題」として、これまた先送りとなる。要するに防衛庁問題は先送りの連続なのであった。「平和憲法」の下では、軍備・防衛は国民感情からしてもタブー視されていたのであった。しかし好機が訪れる。自民党が分裂し、自社さ政権が誕生したころ、小沢一郎らと共に自民党を離れた二階俊博らは保守党を結成していたが、ミニ政党となった保守党の二階幹事長らは、何と「防衛省設置法案」を国会に提出するのである。二年後の衆院解散で、同設置法案は廃案に追い込まれるのであるが、このころの二階らの行動が後に防衛省昇格への種となる。

二〇〇三年二階らの保守新党は自民党に合流するのだが、その際、政策合意の一つに、この「防衛省昇格」が書き込まれていたからである。自民党にしてみれば願ったり叶ったりの「政策合意」であった。

少ないと言え「保守新党」も公党である。この政党が自民党との合流条件のひとつに、「防衛省昇格」。これを要求したからである。

こうした中、二〇〇五年十二月、自民・公明両党の幹事長・政調会長が与党内でこの問題に関し、議論を始めるのである。

「平和の党」公明党にとって、これは清水の舞台から飛び込むほどの覚悟と決断を迫られる大問題であった。党内においても、支持母体である創価学会会員の大多数が慎重論と反対論が支配していたからだ。というのも、二〇〇五年十二月九日より党内議論をスタートしていたのだが、与党自民党のプロジェクトチーム座長が山崎拓であったことが問題視される。山崎拓は自民党きっての防衛族であり、改憲論者であることに不安感が強まっていたからだ。そのため、十二月二十二日、公明党は法案提出を断念するのである。

その一方、公明党は、自民・保守連立政権時代の同党幹事長冬柴鐵三と保守党の二階俊博幹事長、そして山崎拓幹事長の三人が「三幹」の仲といわれるほど良好な人間関係が出来ており、この人間関係が後に役立つのである。

二〇〇六年九月になると自民党に復党していた二階俊博は国会対策委員長に就任し、公明党との協議を主導する。公明党のパートナーは太田昭宏であった。太田昭宏は対中国交流にも極めて熱心であったから、自民党の親中国派議員たちとのパイプも太く、また信頼もされている。その筆頭格が野中広務や古賀誠そして二階俊博であった。

そうした人間関係が背景にあって「平和の党」公明党は決断したのであった。時に二〇〇六年十二月十五日のことである。

この件で太田昭宏に会うと、

「党内でも、この件は二分されていたが、今にして思うと二階先生はずいぶん前から防衛庁を省に昇格させるつもりで人間関係を作っていたんですね。公明党は対中国政策を重要視していたわけで、二階先生や野中広務先生、古賀誠さんたちと、わたしも何度となく中国に行き、その時々で、お互いの人間関係を作って来た。二階先生は公明党との付き合いをその当時でも大事にしてくれたわけだけど、まさかそれが防衛庁の昇格のための布石だったのか……。と年譜的に考えると、そう思えない事もないいな……」

と往時を懐かしそうに教えてくれた。

この件を二階に問うと、二階は、

「いや、自分がやったと言われると、確かに保守党に属していたころ、法案として提出したが、やはり公明党がわたしたちの考えを真摯に対応してくれたからできた。自分がこの法案の重要性を知ったのは、当時の防衛庁にいた役人たちにレクチャーされたからだった。説明されればされるほど、事の重要性に気付かされた。憲法九条とも関連するからな。それにしても平和の党である公明党がこれに賛成するのは大変な事だったと思う。とりわけ最終的には太田昭宏先生が取りまとめてくれたからできたわけで、太田先生が最大の功労者だ」

このように言った。本来なら「国防省」という名称になるはずだったが公明党がこれに難色を示し、防衛省に着地するのだが、憲法九条との整合性もあり、この議論が始まったころ公明党は「憲法改正」ではなく「加憲」という言葉を使うことになる。

このように防衛省昇格問題は、長い歴史を持つのではあるが、今日、防衛庁が防衛省に昇格するにあたり、二階俊博やとりわけ公明党が果たした役割を知る人はほとんどいない。

しかし、公明党を巻き込んで、これを成し遂げた二階俊博の「政治芸」は後世に語り継がれるべき仕事の一つだと思われる。汗は自分がかき、手柄は人に譲る。

二階俊博はこの件に限らず、この政治的格言を静かに実行しているのである。

第五章　二階俊博という「外交芸」

一、インドにおける外交芸

冒頭でも述べたが、二階俊博の政治的課題は、故郷和歌山で運命ともいえる二つの人的な奇縁が作り出したものだ。ひとつは、前章で述べたように「道路族」への道である。これは、濱口梧陵、遠藤三郎そして、田中角栄を経て、日本の「国土強靭化」と国連が制定した「世界津波の日」に至る道である。道路族二階俊博は、日本だけではなく、世界のインフラ整備に対しても先導役を果たしていたのである。

もうひとつが、これから述べることになるが、故郷和歌山が生んだ陸奥宗光、岡崎久彦を通して、二階が実行している「外交政治」である。恐らく「道路族」としての二階の実績については、誰しもが認めるであろうが、

「二階俊博の外交だって、本気かね。近頃では珍しい党人派の政治家であることは認めるが。

二階ほど内政の政治家はいない。近年まれにみる調整型の政治家だ」という反応が出るはずだ。しかし断言するが二階俊博は極めてユニークな外交を実行しているのである。わたしの理解するところを述べれば、陸奥宗光が「政治とは術なり、学にあらず」と言ったが、それは外交にあてはめれば「外交とは術なり、学にあらず」となり、これを岡崎久彦は、「学あるいは戦略」に仕立て上げた。だったら二階俊博はどうなのか。これから書き進めるが、二階は外交を「芸」に仕上げているのである。

二階は国内において全国各地に出向き自作自演の東西南北興行を実行しているように、諸外国との付き合いを政府外交ではなく一人の議員として自作自演の訪問団を組織するのみならず、その芝居に観客まで同行させるという、前代未聞の外交興行を数限りなく実行、いや実演しているのである。わたしは、これを「二階一座の海外公演」と秘かに名付けている。なぜならわたしは、この二階一座の海外公演に、観客の一人として何度となく同行し、客席から「おひねり」のひとつも投げたいくらいの芸を目撃しているからである。

二階俊博との出会い

そもそも、わたしが二階俊博の「外交芸」を初めて見物したのは、遠い外国インドにおいてであった。

わたしは前にも触れたが新党さきがけより国政選挙に出馬したことや、「朝まで生テレビ」あるいは竹村健一の「報道２００１」等々に出演したことも手伝って多くの政治家と知り合うことが出来た。そうした過程で実際の政治家と話してみるとメディアや世評とはずいぶん違う人間だ。政治家は近くで見ないと彼の本質は分からないものだ、としばしば思い知らされたのである。その結果どちらかと言えば、政治家に対し好意的にみるようになっていた。一度だけとはいえ国政選挙に出馬した経験は、わたしをして政治家を職業とする人間に対し同情心のような気持ちを抱かせてくれたのである。前にも述べたが、選挙という人格破壊、家族破壊に近いものを経験させられてもなおこの職業に居続けようとする彼らへの同情心と言えるかもしれない。そうしたこともあり与党野党を問わず数多くの政治家に会ってはいたが、その中で二階俊博とは二〇〇四年の春が初対面であった。

数多くの政治家に会うことに恵まれていたわたしにとっても、二階俊博という政治家は前にも述べたが無印であった。しかし、この無印は知り合ってまもなく「良品」であることを気づかされたのである。「無印良品」。企業名として、知られているが、二階俊博という政治家にピッタリの名称である。

二〇〇四年の春。このころわたしは秋田の公立美術工芸短期大学の学長を務めていたのだが、たまたま山形県上山市で「観光フォーラム」が開催されることとなり、主催者よりパネラーの一人として出席を求められた。このフォーラムに二階俊博もパネラーの一人として東京から一人で来ておられた。自民党に復党（二〇〇三年）した直後のことなので、何の職にも就いてはおらず、受け取った名刺も「衆議院議員　二階俊博」というシンプルなものだった。と同時に、もう一枚は（社）全国旅行業協会会長二階俊博。二階はこの役職に一九九二年（平成四年）九月より就いていた。二階にこの職に就くようすすめたのが、当時運輸大臣であった奥田敬和。二階によれば、申し出をされたとき、固辞したのだが奥田が「どうしても君がやるのが一番いい。いつかオレがなぜこんなに熱心に勧めるのかが分かる日が来る」と口説かれ、引き受けたという。果たして奥田の予言は誠に正しかったことが現在の観光業の隆盛によって証明される。今日政界や業界においても「観光と言えば二階」と言われるようになるからである。このような裏話を知ると、奥田の先見の明を知る。奥田敬和は二階の才能を見抜いていたのだった。

わたしは二階俊博という政治家の肉声を初めてここで聞くことになる。基調講演において二階は、

「観光は日本にとって極めて重要な産業となる。今はまだこの業界は修学旅行とか、家族旅行とか小さな話でしかないが、必ずや日本の重要な産業となる日が来るだろう。とりわけ豊かな自然に恵まれている地方都市はこれをいかに活用するのかが問われている。なぜなら観光業は雇用の観点からもすそ野が広い。これが本格的に動き出せば、治安もよく平和な日本が続く限り、多くの外国人もやって来るだろう。観光立国。観光立県。これはわたしの政治家としてのライフワークでもあります」

こんな内容の話をしたのであった。「観光立国」という言葉を政治家の口から初めて聞いたのだ。知らなかったのは、わたしが不明であったからで、二階俊博は小渕恵三内閣時代本人も属し

ている自由党との連立政権において運輸大臣を務めていたが、そのとき「観光立国宣言—躍動の観光産業を語る」と題した対談集を出していたのである。

二〇一六年現在、訪日観光客は二千万人の大台を突破し、二〇二〇年の東京オリンピックには四千万人の訪日外国人観光客が目標となっているけれど、二階がこの話をしたころは「ビジットジャパン」や「クールジャパン」といったスローガンは、まだ誰の口からも出てはいなかったのである。

フォーラムが終わると、二階は、

「これからどうします。わたしは東京に用事があるわけでもないので、石川さんもそうするなら今晩はここに泊まろうと考えているが……」

わたしも急いで秋田に戻る必要が無かったので、二階と一緒に宿に泊まることにした。そのころ、わたしはインドの病院に半年ばかり入院しているのだが、一時的に日本に帰国していて、あと一ヶ月もしたら、再びインドの病院に戻ることになっていた。この二年半ばかり前からわたしはひどいリュウマチを患い、日本の病院を転々をしたのだが、一向に良くならず、知人の勧めでインドの病院に行くことになった。ここでは詳しく話さないが、インド医療はすばらしく、わたしのリュウマチは快復に向かいだしていたのである。この時、わたしは二階の母親が医者であることは知らなかったが、わたしの病院生活を話すと二階は興味深そうに聞いてくれた。話がインドのことになった途端、二階は、

「わたしは、ずいぶん多くの国に行ったが、インドは一度も行っていない。先だっても古賀誠

さんと話をしたのだが、古賀さんからインドに行ってみようか、というさそいを受けたので準備を始めているところなんですよ」

意外な事を言う。

「わたしは、あと一か月余りで、インドの病院に戻ることになりますので、先生方がよろしければ、是非おこしください。わたしはインドの政治家とも付き合いがありますので、来られる日時が決まりましたら連絡してください。いろいろお役に立てることもあると思いますので。思い出しましたが、今の予定ではインドは八月ころに総選挙があります。現政権のBJP（インド人民党）が勝利すると思いますが、その時期を避けて、九月になってからがよろしいと思います」とわたしは続け、更にインドが日本の新幹線に興味を持っている事。日本とはもっと多くの経済や人的交流を望んでいるといった話をした。

わたしは、その数年前からインドから東大に留学しNPO「インドセンター」の代表を務めるヴィバァウ・カント・ウパディアェという青年と知り合い、彼の案内でインドをたびたび訪問するようになり、時の首相アタル・ビハーリー・ヴァージペーイーと縁ができていた。ヴィバァウ君はこの首相に信頼され、日本の情勢を時々報告していたのである。二〇〇二年インドの首相官邸において、首相との会見を許されたとき、ヴァージペーイーは、「あなたは、作家だと伝え聞いているが、英訳されている文章はあるか」と言った。「ストロベリー・ロードという作品が英訳されている」と答えると、それまでの眠たそうな表情が一変し、「それなら読んだ記憶がある」と、意外な事を言うではないか。

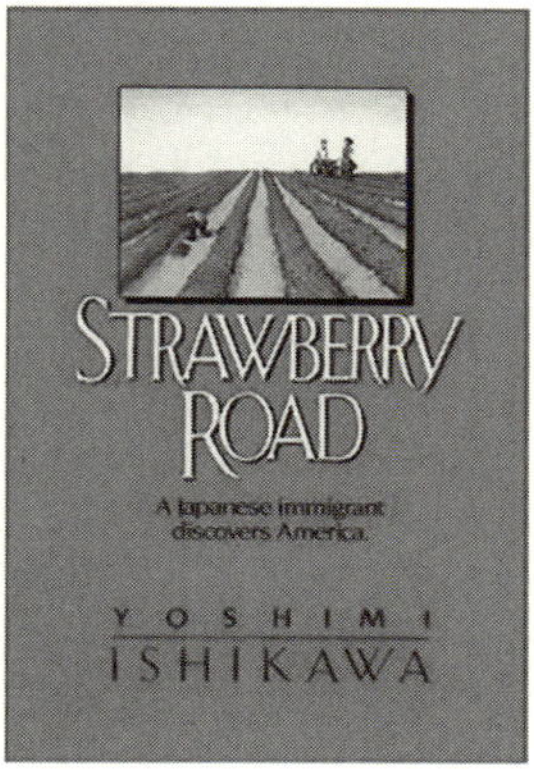

『ストロベリー・ロード』英訳本

（左から）ヴィバァウ、筆者、ヴァージペーイー首相

「その作品は、ニューヨークタイムズの書評欄に紹介されていたはずだ。わたしはそれを読み、買い求めて読んだ」

と答えるのだった。

ヴァージペーイー首相の言う通り、英訳された拙書は「ニューヨークタイムズ」や「ワシントンポスト」の書評欄にも取り上げられていた。ヴァージペーイー首相は、「日本から移民した少年のアメリカ体験といった書評に興味を持ち買い求めたといったのである。ヴァージペーイー首相は、元々はジャーナリズム出身の政治家である。著作もあり、そのときわたしにアメリカの有名な出版社（バイキング・プレス社）から出版した自分の「詩集」をサイン入りで下さったのである。

長いことイギリスの植民地であったインドは第二次大戦後に独立を果たすわけだが、インドにおいてはネール首相らが、イギリスからの独立を果たすため「国民会議派」別名「コングレス」という超党派の統一戦線を結成し、長く、インド政治を支配していた。しかし国民会議派による一党支配を打破するため、このヴァージペーイー首相と副首相であるアードヴァーニーらが、新党として「インド人民党」を結成していた。当初はこのヴァージペーイーとアードヴァーニーの二人だけが議席を持つミニ政党であったが、結党して四度目の総選挙において、インド下院の過半数を制し、政権についていた。ヴァージペーイーはこの時、国民会議派（コングレス）の一党支配を打破したインドにおける輝ける星となっていた。これを日本にあてはめれば、細川政権と民主党政権を合わせて自民党支配を一時的に打倒した構図に似ているだろう。

インドと中国

雑談の最中、わたしを紹介してくれたヴィバァウ青年が、

「首相、石川さんは中国と強いパイプがありますので意見をうかがったらどうです」

と割って入った。ヴァージペーイー首相は中国といかに付き合うかに頭を悩ませている事をわたしは前もって彼から聞いていたので、

「中国とインドが難しい問題を抱えていることは承知しています。日本も同じです。日本も中国とは十五年にも及ぶ戦争のこともあり、戦争が終わっても、今度は冷戦が始まり、国交正常化や友好関係を結ぶのに苦労してきました。インドと中国は十年以上も対話が途絶えているようで

すが、中印関係を再構築するためにインドから積極的にアプローチをしてはどうでしょうか。これには三つポイントがあると思います。

一、チベットは中国の領土の一部であることを認める。

二、中国との国境の問題については、今は触れない。これは日本と中国においても東シナ海の島々を巡る領有権に対し、中国の鄧小平さんが「棚上げ論」を述べ、将来の知恵のある人間たちに判断を委ねましょうと言った。この論法です。

台湾については、インド側から切り出す必要は無いですが、中国は一つであるという答えればよいと思う。

三、中国は社会主義体制下の『中国の特色ある市場経済』を唱えているように、官民一体で経済・経済と言いつのっている。インドの側から、大いに経済交流をしましょうとアプローチすれば、中国側は必ず賛成するでしょう。

『WIN・WIN』という英語は中国にとっても魅力的なスローガンになっているのです」

こんな話をすると、ヴァージペーイー首相は眼をカッと開いて満足そうな表情を見せたのである。

この時のわたしのアイディアで、ヴァージペーイー首相が歴史的な訪中の決断したとは思われないが、それからしばらくした二〇〇三年の春、インド首相として十余年ぶり中国を訪問し、先に述べたように、ダライ・ラマがチベットの亡命政府をインド国内に作っていながらもチベットは中国の領土の一部である。国境問題は現状のまま、経済・文化・人的交流を加速させる。という共同声明を発表するのである。

ヒンディナショナリズムを標榜するヴァージペーイー首相は中国に滞在中、河南省の古都洛陽の白馬寺を訪問し、中国に初めて仏教を伝えたインド僧の墓に立ち寄り掌を合わせ、追悼している。白馬寺は空海が西安に向かう途中、立ち寄った寺として、日本でもよく知られている。この訪中はインド政治に大きなショックを与えた。なぜならインド政界の大物たちが直に大発展しつつある中国経済の活力を目撃し、中国全土に展開中の高速道路建設のすさまじさを肌で感じたからである。社会主義国でありながら改革開放政策を断行し、外国資本を積極的に取り込み経済大国への道を驀進する中国の実態を肌で感じたからである。

ヴァージペーイー首相らの中国訪問はインド政府及び経済界の考え方に変更をせまるものがあった。長い長い植民地支配下におかれたインドは外国資本の流入や、外国企業を迎え入れることに潜在的な恐怖心があったからだ。そのせいで、多くの優秀な人材を抱えながらも、経済のテイクオフが出来なかったのである。ヴァージペーイー首相の訪中以後、インドは「インド・イズ・シャイニング（インドは輝いている）」をスローガンに部分的とはいえ外資の導入や市場開放に向けて動き出す。

しかし「インドは輝いている」このスローガンが、所得の低い庶民を直撃する。「輝いているのは一部の富裕層だけではないか。圧倒的多数のインド人は貧困に苦しんでいる」というわけで、二階らがインド訪問を計画中の二〇〇四年五月の総選挙で、インド人民党は破れてしまうのである。世論調査でも、国際的な評価でも、負けるはずのない選挙でインド人民党はせっかく手にした政権を再び国民会議派に譲り渡し、再び国民会議派が政権の座に着き、シーク教徒の頭にターバンを巻いた経済学の博士号を持つマンモハン・シンが首相になるのである。これは日本において民主党が期待されて政権の座につきながらも失敗した例にも等しい。インドという世界最大の民主主義国家での政変は、今日世界で起こっている「選挙におけるまさか」の先駆的事例であった。

二階俊博が初めてインドの土を踏むことになる二〇〇四年七月とは、そのような時であった。もう一点、このときヴァージペーイー首相に頼まれたことを付言したい。これは二階俊博が経済産業大臣になった後に結実するデリー・ムンバイ高速貨物鉄道についての話題である。

ヴァージペーイー首相はインドの遅れは道路や鉄道と言った交通インフラが整備されていない点にあるので、日本の小泉首相に、インドへの新幹線建設が可能かどうか、打診してもらえないか、というものであった。わたしはこのころ前にも触れたが新日中友好二十一世紀委員会という日中関係における重要な外務省の諮問委員会のメンバーを務めている関係で、当時の首相である小泉純一郎とは、ときどき意見交換会で会う機会があったので、ヴァージペーイー首相の親書を預かり帰国した。その直後総理官邸で小林陽太郎、五百簱頭真、松井孝典、伊藤元重委員らと共に会合が開かれたので出席し、この手紙を手渡した。

このころ小泉純一郎首相は靖国参拝を続けていたので、中国との会話ができない状況が続いていた。官民一体で中国への新幹線売込みは先の見えないこともあり、小泉は、その親書を読み、時の外務省経済担当審議官の田中均に「インドへ新幹線を輸出せよ」との指示を出す。驚いたのは外務省である。小泉首相が突然インドの話を持ち出したからだが、インドとはこの三年前、森喜朗首相がインドが核実験をした結果、日本は対インドに経済制裁を行っているにも拘らず、インドとの関係改善を目的に突然の訪印を決行し、ようやくインドとの関係改善が始まったばかりであった。このとき、裏で動いてくれたのが先に挙げたヴィバァウ青年であった。

インド訪問

話を戻す。東京に戻る新幹線の車中でも、インド行きの話を続けたわけだが、二階は「すぐに古賀誠先生に連絡しますから三人で会いましょう」と言った。インド行きは古賀誠が強く望んでいるらしかった。

二階俊博のインドとミャンマーとのハス外交は、元自民党幹事長の古賀誠のひとことから始まったのである。車中で詳しく聞いたのだがわたしと山形県で会う前から話が進んでいたのだ。二階は古賀から次のようにさそわれたという。

二階俊博の「ハス外交」について大下英治が『大賀蓮』（紀州新聞社）で克明にレポートしている。大下が同書で紹介するインド編はわたしも大下からインタビューを受けているので、大下の文章をところどころで引きながら稿を進める。古賀誠は、

「二階先生、衆議院選挙が終わってから、インドとミャンマーを訪ねてみたいと考えている。

インドはこれから日本にとって、とても重要な国だと思う。アジアの大国であるインドと、政治、経済、文化、観光、スポーツやその他の分野で、もっと交流を深める必要があると常々思っている。ミャンマーについては、自分は日本・ミャンマー友好議員連盟の会長をしており、ミャンマーの首都ヤンゴンの日本人墓地にも日本遺族会会長として墓参をしたいと考えている。日程の調整がつけば、ぜひご一緒しませんか」

この年日本は、七月十一日投票日の参議院選挙が控えていた。その後に出かけようという誘いである。この申し出に対し二階は「インドは、一度訪ねてみたいと思っていたんですよ。近ごろ不思議なことに、各方面からわたしのところに、間断なくハスに関する情報が届けられるようになったんです。今は、大賀ハスを植栽した海南島のボアオに、蓮花館の建設計画が進んでいます。インドは仏教発祥の国であり、仏様はいつもハスの花の上に座っておられるか、蓮花を片手に持っておられるブル増をよく見受けること、大賀ハスもインドが発祥の地かもしれないと思っている」と話したという。

また、二階の友人が、「新聞に掲載されたパキスタンの特派員の随筆で、パキスタンの市場にハスの花がたくさん並んでいる様子を伝えられている」と、切り抜いた新聞記事を届けてくれたこと。また、ベトナム航空の「ハノイ~関西空港」間の直行便の初便行事で、秋山喜久関西経済連合会会長や関西空港の村山敦社長たちとベトナムに行ってきたこと。さらにハノイはハスの花の盛んな町で、服部則夫駐ベトナム大使の提案で、大賀ハスの蓮根をハノイに届ける約束になっていることなどを説明し、二階は、さらに、

「大賀ハスについては、日本国内はもとより、中国でも関心が高い。アジア各国で大賀ハスのロータス・ロードを作ってはどうかという、夢のある話がすでに関係者の間で盛り上がりつつある。今度のインドやミャンマーに、さらにベトナムも加えてもらえば、まさにロータス・ロードになるので、協力してもらえればありがたい」

古賀はこのように話す二階の提案を受け、

「これは素晴らしいことで、大賛成だ。今度の訪問団には、衆参の国会議員のほかに、経済界や民間からも適当な人を募って、将来、政治、経済、文化の交流に役立つようなミッションを編成できればいいと思う。参議院選挙が終わるまでに骨子を固めて、メンバーも少しずつ集めていくことにしますか」と言ったという。

二階と古賀がこのような話をしていたころ、二階のもとに元建設大臣であった公明党の森本晃司参議院議員から電話があった。

「山形県で、地域の観光振興に関するシンポジウムが開かれることになり、作家で秋田公立美術工芸短期大学の石川好学長や高橋和雄山形県知事、市川昭男山形市長なども出席されます。自分ももちろん参加しますが、二階さんにも、ぜひ参加していただきたい」

二階にとって森本は、新進党で一緒となり、政治活動を共にしてきた信頼する同志の一人である。その森本からの誘いを受け、二階は山形に出かけることにしたという。前にも述べたがこのシンポジウムでわたしは二階俊博と初めて会うことになったのであるが、このような話し合いが古賀誠との間で水面下で進行しているとき、インドに長期間病気療養のため滞在中で、一時帰国中のわたしに、二階俊博はインド行のプランを話してくれたのである。思えば何という不思議なめぐりあわせであろうか。

シンポジウムは、山形県の髙橋知事や、市川市長をはじめ、観光関係者、二階が会長を務める社団法人全国旅行業協会の清野幸男山形県支部長らが出席した。これも本章の初めに述べたことである。

わたしは予定より早くインドに戻ると、ヴァージペーイー首相に先に紹介したヴィバァウ君を通し連絡を取った。ヴァージペーイー首相も、日本からの訪問者を歓迎してるという。わたしは、二階に国際電話をかけその旨を伝えた。

インドは選挙の時期に入っていた。わたしは時々、病院を抜け出し、路上で繰り広げられるインドの選挙戦を見物した。選挙活動はあたかも、リオのカーニバルのごとく、極彩色で、にぎやかなお祭りのようであった。

像の背に乗り演説する候補者。その後に続く数百数千の支持者たち。これがインドの民主主義か。とわたしは感動を覚えたものである。

ところが、八月に予定されていた投票日は前倒しとなる。勝てると踏んだ人民党政府は早期解散に打ってでる。しかし五月十三日の総選挙でインド人民党は前にも述べたが敗れてしまう。日本の外務省は、敗因を経済成長に取り残された貧困層の不満を吸収できなかったため、との分析を発表しているが、先に述べた「インドは輝いている」という選挙スローガンが貧困層から猛烈な反感を買っていたのであった。

二階らは、ヴァージペーイー首相を訪ねるために準備を進めていたが、間の悪い時期の訪問となってしまった。しかし、二階は、古賀誠と話し合い、

「行くと決めたのだから、行こう」

と決断し参議院選が終わってからということになった。

七月十一日の参議院選挙を無事終えて、インド・ミャンマーへの旅の準備に入る。ここから先は、しばらく先にあげた大下の著作を引用する。


二階はさっそく、東京大学の緑地植物実験所の南定雄に連絡を取った。

「インドとミャンマーに大賀ハスを移植したいので、蓮根をお願いできないだろうか」

南は快諾し、出発当日に蓮根を空港まで持って行くと約束してくれた。

インドでは、ハスは大地、太陽、豊かさ、生産などの象徴であり、紀元前三千年前ごろから約千五百年栄えたインダス文明の遺跡からハスの女神像が発掘されている。仏教が盛んになると、太陽神ビィシュヌの腹から蓮が生え、その中から世界の創造主・梵天が生まれたという古代インドの神話が仏教に取り入れられ、ハスは仏陀の生誕を告げて咲いた花として、仏像の台座に登場する。また大蓮華蔵世界（極楽浄土）の話から、ハスは仏教信者の間に理想郷のシンボルとなり、インドといえばハス、ハスといえば仏教というようになっていた。


インド人民党（ＢＪＰ）の党旗はこのハスの花である。選挙期間中、わたしはこのハスの花を

党旗とするチラシや看板をどれほど目撃したことか。

これを党旗とした理由は、泥沼から美しい花を咲かせるハスを新しいインド政治の理想となる。ということであった。

さて、古賀誠を団長、インド滞在中のわたしが案内役、その他国会議員や経済界の有志とで「インド・ミャンマー・ベトナム　経済、文化観光、スポーツ交流使節団」が結成される。

メンバーは、総勢二十八人。古賀誠、二階俊博らの他、泉信也経済産業副大臣、荒井正吾外務大臣政務官（現奈良県知事）、鶴保庸介国土交通大臣政務官、松山政司参議院自民党副幹事長、藤野公孝参議院議員（元運輸審議官、観光部長）の政治家グループ。経済界から清野智JR東日本副社長、玉造敏夫成田空港副社長、川嶋康宏新日鉄顧問、松本武徳日本航空専務、戸矢博道全日空副社長、高階實雄五洋建設副社長など（肩書きは当時のもの）、そうそうたる顔ぶれがそろい、国交省から若林陽介観光地域振興課長が同行してくれることになった。

わたしも、知り合いのビジネスマンであるイマジニアの神藏孝之、ゴールドマンサックス投信の山崎養世社長、そして愛知県議の伊藤忠彦（現環境省副大臣）ら数名をさそった。

インドにおける旅行日程が七月十八日から二十二日までと決まった。駐インドの榎泰邦大使に、外務省を通じて連絡を入れ、同時に、駐ミャンマーの宮本雄二大使や、駐ベトナムの服部則夫大使の協力を得ながら、七月二十三日から二十四日までミャンマーのヤンゴンで、二十四日午後から二十五日までをベトナムのハノイで過ごすこととなった。

出発に備え、七月十三日午後四時より、千代田区九段にある九段会館の瑠璃の間において、古賀団長主催による結団式と団員の紹介などがおこなわれた。二階俊博は、この前もこの後も多くの人間を引率し外国訪問をするのだが、その出発前には旅行団の結束を図るため、必ず団結式を行うのである。わたしはその場にいなかったのでその一例として、この時のインド訪問前の集合について、大下の文章を紹介したい。

団長の古賀は、次のように挨拶した。

「日本とインド、ミャンマーおよびベトナムとのこれからの交流の重要性、アジアにおける日本の立場を、各界の有識者のみなさんと一緒に考える素晴らしいチャンスを、メンバー各位のご協力で得られたことに感謝したい。特に、インド事情に詳しい秋田公立美術工芸短期大学の石川先生のご指導、ご協力を得て、さらには『我、インド〜日本の懸け橋とならん』と情熱を傾ける、インドセンターのビィバウ代表らに、インドの全日程をご同行頂けることは、心強い限りだと思っている。ミャンマー訪問については、わたしが日本・ミャンマー友好議員連盟の会長をつとめており、二階代議士にも副会長をお願いしているが、今回ご参加いただく先生方には全員、議連のメンバーとしてご参加、ご協力をいただいている。一度、ミャンマーを訪問して、キン・ニュン首相との会談やヤンゴンの日本人墓地に、日本遺族会会長として参拝させていただきたい。ぜひ、団のみなさんにも、この際ごいっしょにご参加、ご参拝いただければありがたいと思っている。

ベトナムについては、今年の五月にベトナム航空のハノイ〜関西国際空港間の新しいルートを開設されたことに伴い、その初便行事に際し、関空からの一番機で二階先生がハノイを訪問されている。したがって、ハノイ訪問については二階副団長から説明していただきたい。

また、今回の訪問について、本日も荒木外務大臣政務官はじめ、外務省からベトナム担当の児玉経済協力局審議課事務官、インド担当の田辺南西アジア課事務官などのご出席をいただいているが、訪問先の駐インド榎大使、駐ミャンマー宮本大使、駐ベトナム服部大使などにも特にご配慮いただいていることに、感謝を申し上げたい」

司会の藤野公孝事務局長の紹介で、二階も挨拶に立った。

「今回の訪問団の結成にご協力を頂いたみなさまに、心から感謝を申し上げたい。

インドについては、古賀団長からお誘いがあり、またある席で同席させていただいた石川先生からもインドのお話をうかがい、かねてより一度訪ねてみたいと思っていました。

ミャンマーについては、難しい政治情勢を承知のうえで、緊密な交流を持っておくことが大事であるが、幸い古賀先生が友好議連の会長をされており、この機会に日本人墓地に参拝される。日本遺族会の会長として、このような企画は実に素晴らしいことだと賛成させていただいた。また駐ミャンマーの宮本大使は、古賀団長の同郷、九州福岡のご出身ですが、わたしも二〇〇〇年五月、中国へ五千二百人のみなさんとごいっしょに訪問した際、当時、中国で公使をしておられた宮本大使にたいへんお世話になりました。『あなたが大使である間に必ずミャンマーを訪問する』という約束を、今回みなさんのおかげで果たすことができて嬉しく思っている。

ベトナムについては、先ほど団長からご紹介いただいたとおりであるが、その際、首脳の皆さんとお目にかかり、特にヴォー・ティー・タン観光総局長との会談の際には『日越観光協定』の促進について協力を求められました。わたしはさっそく、国交省に報告し、他のどの国にも負けないくらいの内容の立派な協定（ベトナムとしては、日本は十八番目の国となる）ができるよう、働きかけてまいりました。今回その実行のため、ベトナム政府にももっと力を入れていただくよう、話していきたいと思っております。また服部大使からの要請である『大賀ハスをベトナムへ』との文字通り、両国の文化交流の『種』として、蓮根を届けたいと考えている」

二階の言うように、ハスはベトナムにおいても最も親しまれている花でホーチ・ミンの生まれた村は「ハス村」と呼ばれ親しまれているし、ベトナム航空の機体にもハスの花がデザインされている。もう一点付け加えると、ハスの花を乾燥させ粉末にした「ハス茶」も、ベトナムでは広く知られている。

二階は続けて言った。

「また、このたびは駐インド榎（泰邦）大使、駐ミャンマー宮本（雄二）大使、駐ベトナム服部（則夫）大使などにさまざまなご配慮をいただき、わたしからもあらためて感謝を申し上げたい」

古賀団長の挨拶のあと、新日本製鉄顧問の川嶋康宏副団長の音頭で、お互いの旅の無事を祈って乾杯し、日本航空四七一便成田発デリー行き直行便に乗り八時間四十五分の旅を終え、インド時間午後七時四十分に到着した。

わたしは飛行場で一行と合流しタージパレスホテルでの「榎インド大使を囲む夕食会」に出席し明日からの予定を簡単に説明した。

翌日七月十九日、わたしたちはスズキの合併会社であるマルチ・ウドヨク工場を視察した。マルチ・スズキは日本の自動車メーカーというよりも、インドにおいては、インドの国策自動車会社として、圧倒的なシェアを誇っていた。この工場視察の後、「日本・インド・グローバル・パートナーシップ・フォーラム」に参加した。このフォーラムでは両国の基調講演がおこなわれるのだが、このときわたしは二階俊博という政治家の度胸の一端を目撃したのである。これから述べるある一件が、わたしをして二階俊博という政治家に並々ならない関心を持つに到るのである。

「どうも、どうも、二階です」

フォーラム会場に到着すると、二階は入口で待っているインド側の要人に向かって歩き出す。二階は、通訳がやや遅れて歩いているにもかかわらず、みずからトコトコと歩み寄り、親しげに元大臣に語りかけた。

「ああ、どうもどうも、インドって暑いね」

二階は英語ができない。が、まったく物怖じすることなく、堂々と日本語で語りかけた。このやりとりを見た通訳が、あわてて駆け寄った。

「二階先生、今、何ておっしゃったんですか?」

「ん? いや。インドは暑いね、と言ったんだ」

二階と通訳の日本語でのやりとりを見ていた元大臣は、言葉の壁を越えて胸襟を開いてくれる二階に対し、瞬く間に親しみを覚えていた様子だった。

わたしは、そうした二階の振る舞いを見て、言葉が通じない初対面の外国人に対して、平然と接している。普通ならこうはいかない、と感心しながら、ある体験を思い出していた。

わたしはこれまで多くの日本の政治家を中国の要人に引き合わせて来た。日本の政治家の多くは英語が苦手で、中学校の教科書通りに「マイ・ネーム・イズ……」などとやってしまった後はまったくしゃべらなくなる、というパターンが多い。そのとき、わたしが思い出した話を紹介したい。

このときより三年くらい前、民主党の党首菅直人、前原誠司、古川元久、そして自民党の園田博之らと一緒に中国訪問した。

旧知の菅直人が民主党として、中国要人とパイプを作りたい。というわけでわたしは、当時の中国外交部銭其琛と外交部に強いパイプを持っていた中国友人を通しアポを取り、彼らと共に中国に向かった。

その日はたまたま政権与党の河野洋平外務大臣も、昼間、北京に到着し、夕方に、銭其琛外交部長と会見することになっていたので、その前に短い会見がセットされたのである。わたしたちは、人民大会堂の控え室にいると、案内人がやって来て、会見室に案内されるのだが、党首であり団長の菅直人がもたもたしている。そして菅直人は「石川さんアンタが紹介してくれるんだから、アンタが先に歩いて」と言う。要人会見であれば当然、団の代表が先頭を歩き、件の要人と握手し、そして主座の席に着くのが礼儀である。こういう会見に不慣れな菅は一瞬戸惑ったのかもしれない。しかたなく、わたしを先頭に菅直人、園田博之、前原誠司らと続いて外交部長の待つ要人会見室に向かうと、銭其琛部長は、わたしが一行の代表と思ったのか、わたしに握手を求め、後に続く政治家たちとも握手をして、主座の席についた。この時は日本大使館の通訳はいなかったので、中国側の日本語通訳が案内する。時間が限られたこともあり、それぞれが着席する。部長は歓迎の意を表した。銭其琛はまだわたしを民主党の党首と勘違いをしていたのである。すでに公式の会見が始まっているので、中国側の通訳に、わたしは案内人の一人だと説明するわけにもいかないので、仕方がないと決心し、わたしは、

「民主党の訪中団を歓迎してくれて感謝する。日中はお互いが重要な国である。これからもさらに友好を重ね……」

と月並みのお礼の言葉を述べた。中国での要人会見というの

（左から）前原誠司、園田博之、菅直人、筆者、銭其琛

は、中国側の要人と訪問団の要人だけが話し合うだけで、他の随員は、黙って聞いているだけである。わたしと銭其琛のやり取りを見ていた。中国の外交部の随員たちは、わたしが菅直人党首ではないことに気がついている様子だったが、外交部長が楽しそうに話しているので「部長、人違いです」と途中で間に入ることができないのか、黙認している。通訳を入れての三〇分の会見は、あっという間に終わり、外交部長は再び笑顔でわたしの手を握った。おそらく銭其琛さんは途中で人違いであることに気づいたはずだが、そんなことは気にしていないようであった。

後に聞いた話だが、銭其琛は「自分は外交畑の仕事を長くやり、多くの要人会見を行ったが、相手国の要人ではなく、一同行者を主座に座らせて会見したのは、これが初めてである。しかし楽しかった」と語っていたという。新中国が成立した後に、多くの政治家が外交部長を務めている中でこの銭其琛外交部長は一代の外交政治家といわれている。この手練手管の外交政治家が、案内人のミスを怒らず逆に「大変面白かった」という。銭其琛は腹のすわった人物だと、わたしは感心したのである。

二階俊博が初対面のインドの政治家に日本語で

「どうも、どうも、二階です。インドは暑いね……」

と咄嗟に言ったのは通訳がまだ横にいない。だったら時間稼ぎだ、と考えてのことだったのか、あるいは政治家というものは言葉は通じなくても笑顔を浮かべ、相手の手を握れば、お互いどうし、わかり合えるものだ。そういう無意識がこの時の二階にあったのかも知れない。

こうした政治家としての運動神経というか、度胸を外国慣れしていない政治家は大いに見習うべきだと、脇にいたわたしは思ったのである。

村山富市の中国

もうひとつ、これに似た秘話を紹介したい。三十年も前のことだが、社会党の議員団が訪中することになり、例によって要人会見がセットされた。

ある政治家は、折角初めて出かける中国だ。初対面のときと別れるときぐらいは、中国語でやりたいと考え、中国語での挨拶の言葉を教えてもらう。

「会った時にはニーハオ。別れ際には再見（ザイチェン）と言ってください。件の政治家は、「分かった。ニーハオ。ザイチェンだな」と覚え、会見前に言われたことを一人つぶやく。さて会見室に出向くと数名の中国人が迎えてくれた。彼は間違えていきなり「再見」「再見」と言いながらそれぞれと握手する。驚いたのは中国人である。いきなり「こんにちは」ではなく、「またね」「またね」と別れの言葉で握手されたからである。しかし、中国人のおもしろいところは、これが強い印象を与えることとなり、その社会党の政治家の名前は記憶されるのである。その政治家は、これよりおよそ二十五年後に首相となる村山富市なのである。わたしは、村山富市から直接聞いたのだが、この秘話を語るとき村山は

「ときどき、ふっとこの時のことを思い出すと今でも赤面する」

と語っていた。村山富市の人柄が味わえるいい話ではないか。

二階俊博は初めて訪問したインドで

「やあ、どうも、どうも、インドは暑いね」と日本語で話しかけ、村山富市は初めて行った中国で会うなり「再見（サヨナラ）」「再見（またね）」と言って強い印象を与えた。

こうした、第一印象は、外交において極めて重要な意味を持つものだ。本人たちは忘れても相手は覚えていて、友人知人に必ずやそのことを話しているはずだからである。

村山富市は、中国で最も知られ、尊敬されている日本の政治家の一人である。これは戦後五十年を記念して発表された「村山談話」によってではあるが、それと共に村山富市という「無私」の人柄が中国民衆にも広く伝わっているからである。

インドのインフラ整備に協力する

二階はこの訪問で、インドには仏教遺跡が多く点在しており、どれも素晴らしいものばかりだということを知った。インド密教を中国を経由して日本に伝えたのが二階の地元和歌山県に高野山を開くことになる空海である。そんなことを思い出したのか仏教遺跡を見る二階のまなざしはいつにもまして穏やかであった。わたしたちは、各地をバスで移動するのだが、インフラがまったく整備されていない。道路は舗装されておらず、鉄道網も整備されていない。遺跡を見たいと思ったら、バスで悪路を何時間もかけて移動するしかなかった。

話を戻すと二階は「日本・インド・グローバル・パートナーシップ・フォーラム」の壇上から次のように語りかけた。

「インドにはこれだけの観光資源があるのに、放ったらかしではもったいない。インフラ整備をすれば日本でインド観光ブームが起こる。日本人観光客は、世界中に出かけているから、インドにも必ず沢山の日本人が訪れるだろう」

このように話した後に二階はあらかじめ用意してきた日本の新幹線の模型を見せるよう同行者たちに指示する。

「これは日本で走っている新幹線です。日本とインドが協力すれば、こんな電車をインドで走らせることができる。さらに日印で観光協定を結び、観光ビザをもっと緩和してはどうか」と、その模型の前に立ち、話を始める。二階にしてみれば運輸大臣をしていた頃中国の重慶に「モノレール」を作らせた経験があったので、こうしたプレゼンテーションは得意中の得意。

二階のプレゼンテーションは、あたかも、日本からやって来た行商人が「さあさあ、寄ってらっしゃい見てらっしゃい」と路上で客集めするその姿に近いのである。

政治家が初めて来た外国で、あたかも行商人のごとく、商売をしているのだ。この稿を書きながら、岡崎久彦が「二階先生は外国に行っても、相手国の要望を聞くだけではなく、仕事を押し付けてくる」と言っていた言葉を思い出すのである。

初めて訪れたインドで、もうこんなことを話しているのである。二階俊博には、政治家としての動物的な嗅覚と商才も兼ね備えているとしか言いようがない。わたしが二階俊博という政治家に強い関心を持つことになるのは、この行商人姿を見たからである。

二階は行商人的だと思わず書いてしまったので、二階俊博の「商才」について書いておきたい。「国土強靱化」という政策を発表した当時、この耳慣れしない言葉をどのようにして国民有権者に知らしむるのか、これが二階らにとっての悩みであった。「強靱」という漢字を書ける人間がどれくらいいるのかすら疑問視されている。仲間の政治家においても「国土強人化」ですか、と言う者さえいたからだ。「国土強靱化」を広く知らしむ方法は無いのか。そこで二階が考えた方法がおもしろい。知り合いの農園に頼み、花の種を袋に入れ、駅前で、あるいは政治家たちが支持者を集める会合の席で配るという奇策を考え出したのである。たとえば、「なでしこ」「わすれな草」「ひまわり」こうした花々の種を、「国土強靱化プロジェクト・なでしこキャンペーン」「国土強靱化・日本を強くしなやかに」とプリントした袋に入れ、配るというものである。しかも袋の中には、草花の種と共に小さいながらも、二階たちが行っていた「国土強靱化」の勉強会の講演録を本にしたその宣伝と共に、次のようなメッセージも書き込まれている紙も一緒なのである。

メッセージ

○国土強靱化プロジェクトチームは「日本を強くしなやかに」を合い言葉に全国の同志と共に懸命に頑張っています。

○いよいよ私たちは「近いうちに」決戦の時を迎えます。自民党「国土強靭化」チームは勝負の花を「なでしこ」と定めました。
○なでしこジャパンは、多くの国民の期待に応えて、オリンピックの花として大活躍を果たしてくれました。
○なでしこの花の言葉は「純愛」であり、「純粋」であります。なでしこの花は女性の持つ美しさをも表現しています。
○国土強靭化プロジェクトもなでしこの花のごとく、いつも美しく、そしていつも力強く、勝負に挑みます。
○さあ、同志の皆さん！「近いうちに」決戦の日がやって来ます。
○今こそ自民党の政策を高く掲げ、強靭な日本をつくるため、なでしこの花の如く日本のフィールドに立ちましょう！

二階からこの花袋をもらったとき、二階に「どうしてこんなアイディアが?」とたずねると、「政治家が選挙のとき、チラシを配っても、道行く人は無視して立ち去るものだ。これは政策チラシでなくても、

「国土強靭化」キャンペーンで配られた花の種

駅前でレストランのチラシでもあれ、不動産のチラシであれ、配ろうとしても受け取る人はめったにいない。しかしティッシュペーパーを付けて配ると、人間は現金なもので、たいていの人は受け取る。女性は年齢を問わず花が好きだ。だったら、ティッシュペーパーと同じように「花の種」を無料で配るふりをして「国土強靱化」という政策の、せめて名称ぐらいは知ってもらえると考えた、というわけさ」と答えるのであった。

二階俊博が、折に触れ「花は色　人は心」と揮毫《きごう》するのは、こういう発想からかも知れない。インドにおける「ハス外交」を書いているのだが、二階は初めてヨーロッパを訪問したとき、ヨーロッパ人が花をいかに愛しているかを知り、帰国すると「ラブ・フラワーの会」を作り、地元和歌山で家庭内の小さな土地や道路側に花を植えるキャンペーンを始めているほど花に対する思い入れが深い。

花の種を配れば、とりわけ女性は、これを受け取ってくれるはずだ。さて、袋を開くと、先に紹介したメッセージが出てくる。

そこでご婦人が「お父さん、駅前で花の種をもらったけど『国土強靱化』とかいう変なチラシも入っていたけど、これ何のことかしら」

「どれどれ……。ウーン。オレも知らなかったけど、コクド・キョウジン化……。会社の人に聞いてみるよ」

という具合に「国土強靱化」の名が広く伝わる事を二階俊博は考えての決断であった。これを二階俊博の「商才」というのである。

フォーラム後、中央の演壇において「日印両国政府間の観光協力促進に向けた基本合意」の調印が行われた。この調印は、日本側からは二階が、インド側からはフォーラム代表のスレーシュ・ブラブ下院議員（元科学大臣）が代表してサインした。

その後、下院議長公邸にソームナート・チャタジー下院議長を訪問した。いかにも議長らしい温厚な人柄を感じさせるチャタジー下院議長は、丁重に迎え入れてくれ、インドと日本の協力について述べられた。

古賀団長からは、今回のインド訪問の主旨とこの秋に来日予定であるチャタジー下院議長に対し、歓迎の意を述べ、二階も次のように挨拶した。

「今秋、議長閣下が訪日され、議会同氏の交流が盛んになることは何よりも大切。特に、政治、経済、文化、スポーツ、青年、婦人など、各界各層の交流が大切であり、先ほどの日印フォーラムにおいて『日本とインドの観光分野の協力促進について』調印してきたが、これが出発点であるので、引き続き議長閣下のご指導とご協力をお願いしておきたい。この後、わたしたちはインド人民党（BJP）本部を訪問し、日本では二〇〇〇年の歴史を持つ大賀ハスの蓮根を、BJP本部の中庭に植えてきます。

ハスは、仏教の国インドにもっともゆかりの深い花であり、かつてはネール首相から釈迦誕生の地のハスの実を届けていただき、それが今でも『ネール蓮』として、大切に保存育成されている。文化交流の分野でも両国で、協力できるテーマが沢山ある。文化面でもスポーツ面でも交流を大切にしていきたい」

チャタジー議長は、二階の言葉を受け「まったく同感であり、大いに協力したい」と力強く答えた。

インドに大賀ハスを

この日の午後、わたしたちは選挙で敗北し退陣してはいるもののヴァージペーイー元首相率いるインド人民党（ＢＪＰ）本部を訪問した。インドの人々はハスのことに理解が深いとみえて、本部の玄関から中庭に続く道は、党関係者や報道陣でにぎわっていた。党本部の前にはすでにハート型の立派なハス池を造って、あとは植えるばかりにして待っていてくれた。二階は、インド人民党の党本部前に用意された池を見て思わずつぶやいた。

「ハスを植えるには、小さすぎる……」

大賀ハスは大型のハスであるため、充分な広さの池が必要になる。が、とりあえずこの場所に大賀ハスを植えてセレモニーをおこなうことになった。

インド人民党（BJP）本部を訪問

いよいよ植栽のときには、ヤシュワント・シンハ、スシュマ・スワラージなどの前大臣やＢＪＰ幹部が多数参加している。残念なことに、ヴァージペーイー元首相もアードヴァーニー副首相もここにはいない。ハスの花を党の花として戦っているＢＪＰのツー・トップがこの席にいることが出来たなら、セレモニーは大きく盛り上がったことだろう。と、これをアレンジしたわたしにしてみれば、無念やるかたないことであった。

二階は、古賀自民党元幹事長とともに、南から教わったとおり、まるで赤ん坊を初めて風呂に入れるときのように慎重な手つきで、多くの人々に見守られながら大賀ハスの蓮根を植えた。

翌朝の現地の新聞には、この様子が大きく報じられた。その後、この蓮根は、無事根付かせることに成功し、インドでも大賀ハスが花開くことになる。

大賀ハス植栽の後、場所を変えて党幹部との懇談の場に移った。両国の出席者の紹介の後、古賀誠団長よりこのたびのインド訪問の趣旨が述べられた。

「これを機会に、日本の自民党と、インドのＢＪＰとの交流をいっそう深めていきたい」

二階は、先の選挙で与党の座を譲り渡したばかりのＢＪＰ幹部を前に、簡単に大賀ハスの由来を述べた後に次のように語った。

「お互いに政治に携わる者は、選挙の洗礼を受ける。選挙は数を必要とする。政権をとるにも数が重要。今日、わたしたちがお届けした大賀ハスは、二〇〇〇年におよぶ古い歴史を持っていると同時に、ハスの蓮根は一年で二千倍に増える習性を持っている。したがって、今日、植栽したこのハスはやがて根付き、もしかすると、今年中にも花を咲かせ、来年には二千倍に繁殖することになる。

政治をするもの、政党にとって、これほど縁起のいいものはない。これを機会に、さらにBJPの皆さんの活躍を期待したい」

「二千倍になる」というのがよほど気に入ったとみえて、選挙で敗北したばかりのBJPの一同は歓声を上げて大喜びであった。「政治とは選挙である」と言いきる二階にしてみれば選挙に敗れ政権の座を明け渡したばかりのBJPの政治家に対する思いやりとして、この言葉を使ったと思われる。

二階は、南から教わった大賀ハスの実を贈呈し、生育方法について簡単に説明した。そして、二階の友人であり、写真家の前田利武や、二階を会長とする自民党政策グループ「新しい波」のメンバーである事務局の玉置忠男が用意した大賀ハスのきれいなパネルと、昭和三十七年当時、インドのネール首相から贈呈されたハスの実から発芽、開花した「ネール蓮」の綺麗なパネルをBJP本部へ贈った。

インド政界の実力者たちもしばし政争を忘れ、桃色の鮮やかな大賀ハスと、紅色のネール蓮に見入った。そして、インドと日本の文化交流に積極的な意見が交換された。

このとき、インド側出席者の有力な政治家の中に、一九九九年、『ハスは平和の象徴である』(Lotus Eternal Cultural Symbol) というタイトルの本を出版したVijay Kumar Malholsraがいた。二階は、インドセンターのヴィバァウ代表から同氏がこの本を書くことになった由縁は、ヴァージペーイー元首相から次のように言われたためであったと知らされていた。

「いよいよきちんと政党を立ち上げる。その時にはシンボルマークはハスにするから、ハスにちなんだ本を書け」

二階はこれが縁でヴィジャイと親しくなり、著書をもらった。本の中には、ハスは仏教の花であると同時に東洋の花であり、氷河で凍りついたような地域と砂漠は別にして、あとは世界中どこにでも生育すると書かれている。かつては北米の五大湖にもハスが大変盛んであった歴史など、インドのことだけではなく、世界中のことに触れており、インドに持ち込んだ大賀ハスのことも詳しく正確に掲載されていた。帰りのバスの中で、インドの政治家の中に、ハスの生育の話から仏教やインドの哲学について言及していた本人に直接会えたことで、一行は感心することしきりであった。一行のひとりが声をはずませた。

「いよいよ、アジアの蓮ネットワークが構築されそうですね。日本を出発して中国、インド、インドネシアのバリ島、ミャンマーのヤンゴン、ベトナムのハノイに続き、近く中国の海南島のボアオへ、そしてまた九月に開設される海南島・関西空港の直行便により、空のロータス・ロード、わたしたち素人が描く、空のロータス・ロードが構築されるのではないですか」

二階のハス外交

「ロータス・ロード」あるいは「ハス外交」という言葉が出たので、二階俊博が、いついかなる事情でこれに着目し、この「ハス外交」という「芸」を披露するようになったのか。二階の文章を紹介する。ことは一九八一年、二階が和歌山県県会議員のころ中国を訪問したことに始まる。ここには二階がハスの花について教えてくれた高校時代の恩師阪本祐二についても触れている。

〈ハス外交は〉私たち和歌山県の有志で、「味、音、花の里帰り」和歌山県伝統文化訪中使節団〈神坂次郎団長〉が、中国を訪問したことにはじまります。

「味」は、径山寺味噌、醤油であります。造り方を七百五十年の昔、中国留学中の法燈国師が学んでこられたと伝えられる和歌山県由良町の興国寺を中心に、湯浅町や御坊市等には、今でも径山寺味噌と醤油が、地場産業として盛んであります。しかし、中国から伝来したものであることに間違いありません。

「音」は、尺八ですが、今から七百五十年前、同じく法燈国師が普化尺八を由良の興国寺に伝えたのが、現在の尺八の発祥とされています。

「花」は、大賀蓮であります。今から五十年程前に千葉県検見川の東京大学のグラウンドの一角から東京農工大の大賀一郎博士の指導により、悪戦苦闘の末、発掘された丸木舟の中から三粒の蓮の実が発見されました。大賀博士は、二千年の歴史を誇るこの蓮の花の開花に成功されました。「大賀蓮」と呼ばれ、今、全国各地に神秘のような紅の花を咲かせています。

この大賀博士の愛弟子の阪本祐二氏が、私たちの高校時代の恩師で「生物」を担当されていました。私が県会議員の頃でしたが、母校の日高高校に阪本先生をお訪ねした際、「先生、中国へ今日までの研究の成果を発表に行かれたらどうですか」とお勧めしました。今のように渡航が簡単な時代ではありません。先生はこのことをとても喜んでくれましたが、その計画を準備している頃、残念ながら先生は他界されてしまわれました。

しかし、味、音、花の里帰り計画は、多くの皆さんのご協力を得て、総勢百五十名が参加し、中国民航をチャーターして、阪本先生の奥様にも同行して頂いて、地元の有志の皆さんと共に、私たちは、杭州の西湖へ蓮を植えることが出来ました。

（左から）中国の著名画家安雲霽、二階俊博、筆者

その後、紅衛兵の運動により、この蓮池が残念なことになってしまったとも伝えられました。蓮は生命力が強いから生き残っているとも伝えられてもおりますが、未だにその消息は確かなものではありません。そこで、私は機会ある毎に、大賀蓮の池を中国の地に！、そして恩師との約束を果したいと常々思っておりました。このような地味なことは、簡単なようでもなかなか実現することは出来ませんでした。

ところが、海南島のボアオフォーラムの常設会議場を訪問した際、蒋暁松会長にこのことをお話ししたところ、「この地に池をつくって、阪本先生の研究成果を少しでも多くの人に伝えるために、私も役立つことであれば、協力したい」とのことでした。

阪本先生の奥様やご子息の尚生さん（和歌山県立大成中学校教諭）等と多くの有志の皆さんのご賛同を頂いて、丹精をこめて育ててこられた「大賀蓮」、「舞妃蓮」、「日中友誼蓮」の三種類の蓮根を、今年の三月、凍るような寒さの日、私の友人たちは蓮根を掘ってくれて、和歌山の地から海南島のボアオ東方文化苑に届けました。祈るような気持ちで、開花の知らせを待ち続けていましたが、この度、「見事に開花」の知らせを受けました。阪本先生の奥様たちも喜んで頂きましたが、大切に大切に育てて下さった海南島の友人たちもこのことを我が事のように喜んで下さったことは、とても嬉しいことでした。

このように国政に打って出る前から、二階俊博は、ユニークなハス外交を実行していたのである。

その際、必ず多くの民衆を連れていく。そして地元の産品を紹介してくるのである。どこに出かけても、商才を発揮する二階の才能の一端がここでも発揮されているではないか。

いずれにしても、この訪問がきっかけとなり、二階の名はインド政界においてよく知られることになる。これから二年経ったのち、インド人民党が政権の座にあった当時のジョージ・フェルナンデス前国防大臣が日本を訪問した際も、二階と会談している。わたしもその席にいたのだが、というよりもわたしはこのフェルナンデスが国防大臣をしていたころ、インドにとって、最も重要な海軍基地アンダマン・ニコバル諸島を特別に許可してもらい、見学を許された唯一の外国人であった。その縁もあり、フェルナンデスが訪日の際、二階俊博という政治家に会いたいとの連絡を受け、アレンジしたのである。

翌年の平成十七年三月、デリーのインド人民党本部あてに、再度大賀ハスの蓮根、種子を寄贈する。これを受けて、インドの外務大臣名でインドハスの種子二百粒が贈呈され、東大緑地植物実験所で発芽が試みられた。

インド訪問が大成功したので二階は、インドと紛争が絶えないパキスタンのムシャラフ大統領とこれまでに三度面識があるので、大賀ハスをパキスタンにも送ろうかと考え、ムシャラフ大統領を次のように説いてみるつもりだったという。

「インドとパキスタンの話の難しさはお互いに理解するところであるが、このことに関して、今、大賀ハスの点在するところに新しく、シルク・ロードならぬ、ロータス・ロードを作ってはどうだろうかと声が各地からあがっている。その時にパキスタンを外すというのはどうかと思うが、この中に入っていただけるでしょうか。それとも入りたくないでしょうか」

二階は、このように説いてゆけば、ムシャラフ大統領も政治家として判断してくれるだろうと思っていたからだ。しかし、もしこの話をインド側に伝えていれば恐らく大騒動になっていたはずだ。というのもインドとパキスタン関係は、日本人の理解をはるかに超えた深刻なもので、これを事前に知っていればインドは二階訪問団に対しても「ノー」と言ったはずだ。しかし二階にすれば「だからこそ『平和の花』ハスがこの冷え切った両国を和解させる」とあるいは答えるかもしれない。

インドに新幹線を

話を元に戻すと、この時、二階らが実演して見せた新幹線の模型は、後々効を発することになる。二階俊博は第二次小泉純一郎内閣の時、経産大臣に就任するが、この間、日本とインドは、新幹線ではなく「ニューデリー・ムンバイ」間を結ぶ高速貨物列車鉄道建設に合意するのである。調印式はインドのカマルナート商工大臣と日本側は二階俊博経産大臣が出席して行われた。旅行用の新幹線ではなく、高速貨物鉄道になった理由は、インドの課題は物流インフラを作ることが先だというインド側の強い要請があったからだった。

そして、この「ニューデリー・ムンバイ」高速貨物鉄道建設が、きっかけでインド初の新幹線に向けて日印両国が協議に入っていることを考えると、二階のプレゼンテーションこそ、その端緒を切り開いたのである。二〇一六年の秋、訪日したモディ首相は神戸の新幹線工場にまで足を伸ばしている。そして二〇一七年九月、安倍首相はインドを訪問し、新幹線工事着工式に立ち会うのである。この後、二階らはバスをチャーターしインド各地を回る。行く先々でインドの古代遺跡を見学する。

道路はデコボコで舗装が全く行われていない。揺られるバスの中で、二階や古賀誠らは「インドに道路整備が出来たなら世界有数の観光大国になるな……」といった話をするのであった。ミャンマーに出発する前夜、われわれはオールドデリーと言われるニューデリーの旧市街地を見学することになった。町は人・人・人が押し合いへし合いし歩いている。露店商人・物乞い。すさまじい人々のエネルギーにあふれていた。

二階俊博と古賀誠の後を一緒に歩いていると、二人は突然立ち止まり、古賀誠が、

「二階先生よ。インドの政治家がうらやましくなるね。これほど貧しい人々が多くいて、これだけ道路がひどく、これほどすべてのインフラが御粗末だと、政治が何かをすれば、その効果は目に見えて現れる。日本だったら何をやっても当たり前だと思われ、それを政治家が行ったものだとは誰も言わない。日本では何をしても効果が目に見えないからね……」

こんな内容の話を始めたのである。道路族あるいは公共事業族など言われてもいた古賀誠のこの言葉は、これを聞いていたわたしにしても、日本の保守系の政治家というのは、このようにものを見ているのかと感心した覚えがある。戦後復興後の少年時代を過ごした古賀にしろ二階にしろ、政治とは国土を整備すること。それが人々の幸せにつながるという確信を持って、「職業としての政治家」の道を選択していたのである。わたしは、この旅で初めて、二階俊博や古賀誠ら日本の道路族と言われる政治家たちの、ものの見方、ものの感じ方に触れたのだった。

二階一座の海外公演、という言葉を前に使ったが、将来につながるビジネスの種、そして誰もが認める「ハス」という美しい花を小道具にしての興行である。

しかし、商才に長けている二階俊博である。この時宣言した日本とインドの観光交流については、二〇一四年九月日印首脳会談に出席するためナレンドラ・モディ首相が訪日した際、京都で出迎えた二階は、モディ首相の故郷グジャラート州を京都市との観光交流のための姉妹都市協定

を門川大作京都市市長同席の下、結ぶのである。この席に立ち会ったわたしは、ここでの秘話を紹介する。

モディ首相が「観光客を多く集める秘策は」と二階に質問すると二階は「トイレを清潔にすることです。観光名所のトイレが汚れていると、女性は来ませんよ。女性が行けない観光地に人は集まりません」と答える。

一国の首相との初会見の席で「トイレをキレイにすることです」と平然と答えられるのが二階俊博の真骨頂である。二階はインドの観光地をバスで回っていたので、トイレの汚さをすでに理解していたため、これをアドバイスしたかったのだった。

ＥＲＩＡ開設に向けて

この章の終わりに当り、付言したいことがある。二階にとってのインド・ベトナムそしてミャンマー訪問はこれまでの海外興行をアセアン諸国にまで拡大するヒントを与えた。

二階はこれ以降、ベトナム・インドネシア・ネパール・カタールさらにはモンゴル等々と交流パイプを拡大する。こうした東南アジアへの訪問がヒントとなり二階は経産大臣になったとき、省内において議論が始まっていたＥＲＩＡ（東アジア・ＡＳＥＡＮ経済研究センター）に着目し、実現にむけ動き出す。

これはヨーロッパのブリュッセルに本部を置くOECDのアジア版と位置付けられるものだが。二階は時の首相小泉純一郎に進言し、設立されたのである。

「アジア共同体」これは明治開国以来、名称を変えながら生き延びてきた夢物語であるが、ヨーロッパにEUが出現したことで、アジアの国々にもそうした議論は少なからず出始めていた。しかしヨーロッパ諸国に比べればアジアが一つにまとまることは極めて難しい。まずは各国が集う場所が必要である。その会は、正体や真意を隠すためにも研究所としてスタートさせるべきだ。こうした経産省内部の議論を経て誕生するのである。

最大の難関は、TPPも同じであるがアメリカがこれを支持するかどうかであった。

APECというアジア太平洋諸国が参加する国際会議がある。これとの整合性をアメリカは危惧するだろうし、何よりもアメリカを外したアジア連合体なるものに対しては、強い不快感を示すだろう。

二〇〇八年五月、二階俊博は時のアメリカ駐日大使シーファー大使に面会を求め、これはアメリカ外しのもので無いことを丁寧に説明し、理解を求めている。

二階の説得によりアメリカ政府もこれに賛同したので同年六月アセアンの事務局のあるジャカルタで東アジア十六ヵ国の代表が集い、設立理事会が開催され、ERIAは晴れて活動開始となるわけである。

本部をどこに置くのか。費用をどうするのか。これについて二階はかねてからERIAは日本に作るものではなく、アジア各国で相談したうえで、アセアン地域に本部を置くべきであると思っていたので、小泉首相と相談した結果、ＥＲＩＡはジャカルタに事務局本部を設置することとなる。

小泉首相は一〇〇億円の拠出金を約束するのである。

平成二〇年八月に再び二階が福田内閣の経済産業大臣としてアセアン関連の経済大臣会合に出席のためシンガポールを訪れた時、東アジア十六ヵ国の経済大臣が集まって、ＥＲＩＡの誕生会が開催される。

東アジアの経済閣僚が見守る中、二階、スリン・アセアン事務総長、そしてＥＲＩＡの事務総長に就任した経産省の西村英俊氏の三人が、ＥＲＩＡの誕生を祝して手を携えてケーキに入刀した。

時を同じくして、シンガポールASEAN＋６（日中韓印豪ＮＺ）経済大臣ワーキングランチ、日ＡＳＥＡＮ経済大臣会合、ＡＳＥＡＮ＋３（日中韓）経済大臣会合が行われた。

ＡＳＥＡＮからはブルネイのリム・ジョクセン第二外務貿易大臣、カンボジアのチャン・プラシッド商業大臣、インドネシアのマリ・パンゲストゥ商業大臣、ミャンマーのソー・タ国家計画経済開発大臣、フィリピンのピーター・ファビラ貿易産業大臣、シンガポールのリム・フンキャン貿易産業大臣、タイのピチェート・タンヂャルゥン商業副大臣代理、ベトナムのグエン・カム・トゥ商工省副大臣代理、スリン・ピッスワンASEAN事務総長が、日本からは、二階俊博経済産業大臣が、中国からは、陳健商務副部長代理が、韓国からはキム・ジョンフン通商交渉本部長が、オーストラリアからは、サイモン・クリーン貿易大臣が、インドからは、カマル・ナート商工大臣が、ニュージーランドからは、フィル・ゴフ貿易大臣がそれぞれ参加している。

このようにして、ＥＲＩＡ設立に係った二階俊博は以上例記したようなアジア諸国の大臣クラスと強い人間関係を構築していくのである。

ある時、安倍首相が二階に対し、

「二階先生。わたしが行く先々のアジアの国では、必ず二階先生の名前が出ますが、二階先生はいつから外交に関心をもたれたのですか」

とたずねたという。これに対し「わたしは特別外交に興味があったわけではありませんが、外交といっても、人と人との付き合いがすべてです。相手の気持を理解し、こちらも誠実に付き合う。言ったことは必ず実行する。これをどこに出かけてもやって来たつもりです」と答えたという。

外交通を自認する安倍晋三といえども、二階が実演していた「外交芸」については知るよしもなかったのである。それもそのはず「君主その器を見せず」と前にも述べたが、二階は外交の分野でも「不器」に徹していたからだ。

安倍晋三首相の「地球儀を俯瞰する外交」の先達者は二階俊博であると前にも述べたのは、このような意味においてなのである。

このＥＲＩＡはヨーロッパのＯＥＣＤとも連携を取り、西のＯＥＣＤ、東のＥＲＩＡとまで呼ばれるようになっている。二階はそこまで遠くを見据え、これを生み出したのであった。おそらく、二階のインド・ミャンマー・ベトナム訪問をしているとき、二階の脳裏にこれを設立するイメージが湧いていたかと、この旅に同行したわたしには思われるのである。

二、中国における外交芸

二階俊博の中国における外交芸について筆を進めたい。その前に、ある出来事を紹介する。二〇一五年十二月十二日、わたしは南京の大虐殺記念館と同じ敷地内に完成したばかりの別館であっと息を飲む写真を発見した。この別館は中国がこの年の「日中戦争勝利七十周年」を記念するために北京の「抗日戦争記念館」の新館と合わせ、作られたものである。

この年の十一月、北京では習近平国家主席主導の下、世界各国から要人を招き「反ファシズム戦争勝利七十周年記念」行事を開催し、長安街で軍事パレードを行うなど、中国の威信をかけるはずではあったが、出席した外国要人は韓国の朴槿恵大統領やロシアのプーチン大統領の他はめぼしい政治家はいなかった。南京と北京に作られた新しい記念館はこの記念すべき年のために建てられたのであった。

中国の各地に抗日戦争記念館や資料館が一説によれば百近く存在するというが、この南京の記念館と北京の盧溝橋にある抗日戦争記念館、そして満州事変を記念する瀋陽の「九・一八記念館」の三つが三大抗日戦争記念館とも呼ばれている。その南京と北京に新たな記念館が戦後七〇年の節目の年に建設されたのである。この二つの記念館の脇に建設された別館はたとえば北京のそれは別名「台湾館」と名付けられたように、抗日戦争は共産党が勝利したというこれまでの歴史観を修正し国民党と共に勝利したという考え方に基づいて作られている。別館において、初めてとも言える国民党の将軍の功績や台湾・香港・マカオそして台湾の少数民族までもが抗日戦争を共に闘い勝利した、という展示内容となっていた。

このように中国においては、共産党軍だけが抗日戦争を戦ったわけではなく宿敵である国民党と共に戦い勝利したとする歴史修正に傾いたのは台湾統一を目的とする戦略的思考がそうさせたことは火を見るより明らかではある。わたしが触れたいのは、そのことではなく、南京記念館の別館で見たある一室に展示されていた写真についてである。

展示会場の最後のコーナーに五つの大きな写真が展示されているのだが、その最後の写真なのである。すなわち日中は戦争による国交断絶はあったが、日中両国民が努力し和解が進んだ。そして以下のような四つの重要文書に調印し、今日に到っているという展示コーナーの写真である。最初の写真は、一九七二年日中国交正常化をなしとげた田中角栄と周恩来。二番目が一九七八年の鄧小平と福田赳夫による日中平和友好条約締結の記念写真。三番目が一九九八年の江沢民と小渕恵三による日中共同宣言。四番目が胡錦涛と福田康夫による「日本の戦後の平和的発展を評価する」という文言の入った戦略的互恵関係文書。これら四つは日中関係の「四つの重要文書」としてつとに知られている。

日中は一九三一年日本軍による満州事変によって、いわゆる十五戦争に突入する。

そして一九四五年八月日本の敗北により、この戦争は終わるのだが、中国には国内戦が起こり、敗れた国民党は台湾に逃れ、中国大陸には国民党に代わって共産党によって中華人民共和国が誕生する。

日本は台湾を永続的に中国政府と認めるのか、あるいは中華人民共和国を新国家として承認するのか。難しい判断を迫られていた。

しかし、田中角栄の決断により、台湾と断交し、中華人民共和国を唯一合法的の中国政府とするのである。中国との付き合い方の困難さについて冒頭でも陸奥宗光の言葉を紹介した。共産党革命を成し遂げ、新しい中国が誕生した、歴史的に見ても、中国との交際は常に押したり退いたりの関係であったが、共産主義革命という思いもよらぬ方法で誕生した新中国と、終戦後いわゆる西側の自由主義陣営の一員となっている日本はどのように付き合えるのか。難問を突き付けられたのである。

この歴史的な難問解決のため、田中角栄は第一歩を踏み出す。世に言われる一九七二年九月の「日中国交正常化」調印である。この調印の結果、日中は少しずつ課題克服に向け動き出す。

日本と中国はあの悲劇的日中戦争を経験した後、どのように関係改善に両国は努力してきたのか。振り返ってみよう。国交正常化文書を含む「四つの文書」とは以下の通りである。

(一) 日中共同声明(一九七二年)

日本国政府と中華人民共和国の共同声明

●一九七二年九月二十九日、北京において署名

●署名者　日本側…田中角栄総理、大平正芳外務大臣

中国側…周恩来総理、姫鵬飛外交部長

●意義…日中国交正常化

（田中角栄総理が一九七二年九月二十五日から三〇日まで訪中）

●重要な文言

・「日本側は、過去において日本国が戦争を通じて中国国民に重大な損害を与えたことについての責任を痛感し、深く反省する。」（前文）

・「日中両国間には社会制度の相違があるにもかかわらず、両国は、平和友好関係を樹立すべきであり、また、樹立することが可能である。」（前文）

・「中華人民共和国政府は、台湾が中華人民共和国の領土の不可分の一部であることを重ねて表明する。日本国政府は、この中華人民共和国政府の立場を十分理解し、尊重し、ポツダム宣言第八項に基づく立場を堅持する。」（第三項）

（二）日中平和友好条約（一九七八年）

日本と中華人民共和国との間の平和友好条約

●一九七八年八月十二日、北京において署名

●署名者　日本側…園田直外務大臣

中国側…黄華外交部長

●一九七八年十月二十三日、東京において批准書を交換、同日発効。

●意義…日中関係を法的に規律（「四つの文書」のうち唯一の国際約束）

（鄧小平副総理が一九七八年十月二十二日から二十九日まで訪日）

●重要な文言

・「両締約国は、主権及び領土保全の相互尊重、相互不可侵、内政に対する相互不干渉、平等及び互恵並びに平和共存の諸原則の基礎の上に、両国間の恒久的な平和友好関係を発展させるものとする。」（第一条第一項）

・「両締約国は、前記の諸原則及び国際連合憲章の原則に基づき、相互の関係において、すべての紛争を平和的手段により解決し及び武力又は武力による威嚇に訴えないことを確認する。」（第一条第二項）

（三）日中共同宣言（一九九八年）

平和と発展のための友好協力パートナーシップの構築に関する日中共同宣言

●一九九八年十一月二十六日、東京において発出

●意義…中国国家主席（元首）が日中関係史上初訪日

（江沢民国家主席が一九九八年十一月二十五日から三十日まで訪日）

●重要な文言

・「日本側は、一九七二年の日中共同声明及び一九九五年八月十五日の内閣総理大臣談話を遵守し、過去の一時期の中国への侵略によって中国国民に多大な災難と損害を与えた責任を痛感し、これに対し深い反省を表明した。」（三、第4段落）

（四）日中共同声明（二〇〇八年）

「戦略的互恵関係」の包括的推進に関する日中共同声明

●二〇〇八年五月七日、東京において署名

●署名者　日本側…福田康夫総理

　中国側…胡錦涛国家主席

●意義…「戦略的互恵関係」の推進を明記

（胡錦濤国家主席が二〇〇八年五月六日から十日まで訪日）

※注　「戦略的互恵関係」は、二〇〇六年十月、安倍晋三総理が訪中した際に発起した「日中共同プレス発表」において、「共通の戦略的利益に立脚した互恵関係」として初めて提起。

●重要な文言・

・「双方は、日中関係が両国のいずれにとっても最も重要な二国間関係の一つであり、今や日中両国が、アジア太平洋地域及び世界の平和、安定、発展に対し大きな影響力を有し、厳粛な責任を負っているとの認識で一致した。」（第一項）

・「双方は、歴史を直視し、未来に向かい……」（第三項）

・「中国側は、日本が、戦後六〇年余り、平和国家としての歩みを堅持し、平和的手段により世界の平和と安定に貢献してきていることを積極的に評価した。」（第四項（2））

以上は、外務省のホームページからの引用であるが、日中両国は、この「四つの文書」を常に意識あるいは拘束されながら、関係改善に努力しているわけだ。後に紹介する習近平のスピーチの中にも「四つの文書」という言葉が出る。

話を戻すと、わたしが息を飲んだのは「四つの文書」の調印写真の次に掲げられている五番目の写真である。その写真は習近平国家主席が人民大会堂で、これから触れることになるが、二〇一五年の五月二十三日、二階俊博が三千人を越す一大訪中団を組織しその日本人の前で演説する写真が飾られているのだが、他の四枚の写真は先に述べたように日中両国のトップが写っているにもかかわらず、そこにはカウンターパートである二階俊博の写真はなく、習近平一人が演説しているだけなのである。

わたしは不思議に思い館内を案内してくれた記念館の研究員に尋ねると、

「二階先生は、著名な政治家とはいえ日本国の首相ではない。他の四人はそれぞれ当時の日中のトップどうしですから、そこに習主席と二階先生の写真を同列にすることはできないからだと思います。しかしあの時の習近平主席のスピーチは直後から日中関係の重要講話となり、全中国のメディアに掲載するようにとの指示が党中央から出される程、重要演説だったのです」

と教えてくれた。

わたしがこの写真にこだわるのは、他の四枚の写真は、日中関係における重要な「歴史」となっているほど有名で、時間も経っている。しかし、この習近平のそれは、ほぼ半年前のもの。建物は急ピッチで完成に向け建設中の頃だ。大急ぎでこの写真を「四つの文書」と共に公開するよう、習近平の指示があったはず。そうでなければ、このような変則的な写真が展示されるはずがない。ということは、習近平がいかに自分の演説と二階訪中を重要視していたかの証明ではないのか、わたしはそのように痛感し、写真の前で立ちすくんだのである。

二階俊博の写真がない。これほど重要視された写真コーナーに習近平との会見の意義は強調されても二階の姿（写真）は登場しないのだ。「君主その器を見せず」と前に述べたが「二階俊博、中国においても、その「器」を見せずか」、と思い知ったのだ。すなわち二階俊博はこの重要な展示室において「不在」という「存在」と化していたのである。それにしても、このコーナーで展示されている写真は、二階の政治家生活において忘れられない政治家の写真ばかりだ。一番目の写真は田中角栄。二階の政治家への第一歩は、この角栄の門を叩いたからであった。二番目の福田赳夫は二階の師である遠藤三郎の親友。三番目の小渕恵三は二階を運輸大臣として初入閣させた恩人。四番目の福田康夫は、二階に自民党復党を勧めた人物である。しかし、二階俊博の顔写真は無い。二階俊博はこの歴史的写真コーナーで日中関係史における「虚」として立ち現れたのである。

話を先に進めよう。戦後の日中関係史における「四つの文書」と「重要講話」に認定された、習近平の二〇一五年五月二十三日講話とはいかなるものか。まずは全文を紹介する。そしてこれに応え、二階俊博もどのようなスピーチをしたかも後に紹介しよう。

習近平の演説

来賓のみなさん、友人のみなさん　こんにちは。二〇〇〇年余り前、中国の大思想家、孔子は、友あり遠方より来る、また楽しからずや、と言いました。きょう、日本各界の人々三〇〇〇人が遠方より来て、北京の人民大会堂に集まり、中国側と共に中日友好大会を開きました。これは近年の両国民間交流の盛事であり、またわれわれに大きな喜びを感じさせるものです。

まず私は中国政府と人民を代表し、また私個人として、日本の友人のみなさんの来訪に心から歓迎を表明します。私はまたみなさんを通じ、広範な日本人民に心からのあいさつと祝福を述べたいと思います。

中日は一衣帯水で、この二〇〇〇年余り、平和と友好が両国人民の心の主旋律であり、両国人民は互いに学び合い、参考にして、それぞれの発展を促し、また人類文明の進歩のため重要な貢献をしました。

一週間余り前、インドのモディ首相が私のふるさとの陝西省を訪問し、私は西安でモディ首相と共に中印の古代文化交流の歴史を振り返りました。隋唐の時代、西安はまた中日友好交流の重要な門戸でした。当時、日本から多くの使節や留学生、僧侶が来て学び、生活しました。その中の代表的人物が阿倍仲麻呂で、中国唐代の大詩人、李白や王維と深く友情を結び、感動的美談を残しました。

私は福建省で仕事をしていた当時、中国の名僧、隠元大師が日本に渡った話を知りました。日本で隠元大師は仏教の教義だけでなく、先進的文化と科学技術も伝え、日本の江戸時代の経済・社会発展に重要な影響を与えました。二〇〇九年、私が日本を訪問した際、北九州などで両国人民の途切れることのない文化的根源と歴史的つながりを直接感じました。

近代以降、日本は対外侵略拡張の道を進み、中日両国は痛ましい歴史を体験し、中国人民に深く重い災難がもたらされました。一九七〇年代、毛沢東主席、周恩来総理、鄧小平氏と田中角栄氏、大平正芳氏ら両国の一世代前の指導者が高い政治的知恵で重要な政治的決断を行い、さまざまな困難を乗り越え、中日国交正常化を実現し、平和友好条約を締結し、両国関係の新たな時代を開きました。廖承志氏と高碕達之助氏、岡崎嘉平太氏ら有識者は積極的に奔走し、多くの活動をしました。

歴史が証明しているように、中日友好事業は両国と両国人民にとって有益で、アジアと世界にとって有益であり、われわれは一層大切にし、心から守り、今後も努力を続けていくべきものです。

来賓のみなさん、友人のみなさん

隣人を選ぶことはできますが、隣国を選ぶことはできません。「徳は孤ならず、必ず隣あり」(徳ある者は孤立することはなく、必ず仲間がいる意)と言います。中日両国人民が真に誠実に友好的で、徳をもって隣人と接するなら、必ず子々孫々続く友好を実現できます。中日両国は共にアジアと世界の重要な国で、両国人民は勤勉、善良で、知恵に富んでいます。中日の平和、友好、

中日友好交流大会で演説を行う習近平

協力は人心の向かうところ、大勢の赴くところです。

中国は中日関係の発展を非常に重視しており、中日関係が風雨に遭っても、中国のこの基本方針は常に変わらず、今後も変わることはありません。われわれは日本側と共に、中日の四つの政治文書（※筆者注　冒頭で紹介した四つの文書の事）を踏まえ、両国の善隣友好協力を推進したいと願っています。

今年は中国人民抗日戦争と世界反ファシズム戦争の勝利七〇周年です。日本軍国主義の当時の侵略の犯罪行為を隠すことは許されないし、歴史の真相をわい曲することは許されません。日本軍国主義の侵略の歴史をわい曲し、美化しようとする言動を中国人民やアジアの被害国人民は受け入れることはないし、正義と良識のある日本人民も受け入れることはないと信じています。前のことを忘れず、後の戒めとしなければなりません。歴史を銘記することは未来を開くためです。戦争を忘れないのは平和を守るためです。

われわれは日本人民もあの戦争の被害者であると考えています。抗日戦争終結後、中国人民は徳をもって怨に報い、中国にいた日本人一〇〇万人の帰国を支援し、数千人の日本人戦争孤児を育て、中国人民の大きな度量と限りない大きな愛を示しました。

今日、中日双方は歴史を鑑とし、未来に向かう精神に従い、平和的発展を共に促し、子々孫々の友好を図り、両国が発展する素晴らしい未来を共に築き、アジアと世界の平和のために貢献しなければなりません。

来賓のみなさん、友人のみなさん。

中日友好の基盤は民間にあり、中日関係の前途は両国人民の手に握られています。両国関係の発展が順調でない時ほど、両国各界の人々が積極的に行動する必要があり、双方が民間交流を強化し、両国関係の改善と発展のために条件と環境を整える必要があります。

「若者が元気で国は栄える」。きょうの大会の出席者の中に若い友人が少なくありません。中国政府は両国の民間交流を支持し、両国各界の人々、特に若い世代の人たちが中日友好事業に勇躍身を投じ、交流と協力の中で理解を増進し、相互信頼を築き、友情を発展させるよう励ましています。

前の人が木を育て、後の人が木陰で涼む。私は両国の若者が友好の信念を固め、積極的に行動し、絶えず友情の種をまき、中日友好を大樹に育て、木々が生い茂る森林にし、両国人民の友好を子々孫々続けることを心から期待しています。

最後に今回の中日友好交流大会が大きな成功を収めることを願い、また日本の友人が中国滞在中、楽しく過ごすことを願っています。

みなさん、ありがとう。

この人民大会堂での習近平の演説は、前述したように日中関係における「重要講話」として党中央が指示する。わたしはこの演説を習近平の直近で聞いていたのだが、彼の熱弁は聞いているものすべてに感動を与えるほど心がこもっていた。これまでに多くの中国のトップによる演説原稿を読んでいるが、日本人の前でこれほど内容のあるスピーチは他に例がないと思われる。

これだけでも二階訪中は大成功したと言えるのだが、実はその直前、正確に言えば五月二十一日、思わぬ事が発生していた。

広東にて

五月二十三日の人民大会堂での大宴会に向け全国から三〇〇〇人もの日本人が北京に向け集まり始めていたころ、二階俊博は五〇名近い日本人観光客と共に広東省の省府広州を訪問していた。これは次世代の国家主席候補といわれていた胡春華広東省書記と会うためであった。この当時、北京から遠い広東にあって次世代のホープ胡春華は外国の外交官たちが面会を求めても決して会わず、用心に用心を重ね、自分を守っていたが、二階俊博とだけは会うというので、わたしたちは北京に行く前広州に向かったのである。

わたしは胡春華とは、この八年ほど前、彼が共青団の書記をしていたころ、後に福建省の書記となる孫春蘭との三人で食事をした経験から、胡春華に強い関心もあり、二階に「時間があるなら北京に入る前、遠いけれど広州に行って胡春華に会いましょう」

と進言したのである。

胡春華は、省長、省全人代委員長ら省の幹部五人と共に席についた。ここでも二階は初対面の相手ではあっても、インドにおいてもそうであったように心をつかまえるのであった。会見の直前、同行していた外務省の役人が胡春華のプロフィールと想定問答用のペーパーを渡すと、

「今更これを見ても仕方がない。政治家というものは、どこの国の政治家も悩みは同じだし、関心事項も似たり寄ったりだ。会えばお互い、匂いでわかるものだ」

と答えた。二階は胡春華の右隣に、わたしは左隣に座る。胡春華は、笑顔を浮かべていた。特別にここで披露する内容の話はないのだが、お互いに出身地の名物などを話していた。そのとき、二階は同行した秘書を呼び、

「おみやげの酒を持ってこい」

と命じた。二階派が海外に出かける時、常に持参するのが二階の故郷和歌山県の「梅酒」。ラベルには「新しい波」とある。これは二階グループが結成されたときの別名で、これをラベルとしたのは、故郷の梅と自派の知名度を高めるためのことだった。二階流にいえば、そんな小さなことでも、どこかで選挙に役立つと考えたからだった。

持ち込んだ酒を二階は「うまい酒です」とすすめる。近年の中国要人たちは、一昔前のように「乾杯（ガンベイ）乾杯（ガンベイ）」と言いながら大酒を飲むことが少なくなっている。白酒といった強い酒ではなく、せいぜいグラス一杯のワインを飲む程度である。

二階と胡春華との間には二十歳以上の年齢差がある。胡春華はすでに二階の対中国との深い関係をあらかじめ知らされていたのか、先輩政治家に対する敬意が感じられた。二階はすっかり若き共産党のホープの心をつかまえたようであった。

事件はその直後に起こる。ホテルに戻り、二階の部屋で二次会を始めていると、外務省の役人が入って来て、

「たった今、インターネットのニュースに安倍夫人の昭恵さんが靖国神社に参拝したとあります」

これを聞くや否や「俺の後ろから鉄砲を撃つのか」と二階は気色ばんだのである。二階がこのような言葉を吐くのはもっともなことだ。出発当日、二階は安倍首相から習近平あての親書を預かっている。そればかりか、その二日前には、安倍は二階と一緒に高野山にまで出かけているではないか。それなのになぜ首相夫人が靖国参拝をしたのか。これは安倍首相の同意があって昭恵夫人は参拝したのか。あるいは、この訪中に悪意を持つ誰かが、夫人をそそのかしたのか。首相夫人が靖国参拝したとて、外国が抗議するのはおかしいと考えつつも、安倍夫人に誰かが入れ知恵したはずだ。わたしには、そのようにしか思われなかったのである。一瞬、二階も理解に苦しんだはずだ。部屋は暗い空気が漂っている。

わたしは、二階の部屋を後にして、外務省の役人と次のように話し合った。

「このニュースが数時間前に流れていたら先刻の胡春華との面会もキャンセルされていただろう。これでは五月二十三日の人民大会堂での三〇〇〇人宴会に習近平は出ない可能性がある。安

倍さんが首相になった年の十二月二十六日、靖国参拝をした結果、アメリカ政府ですら『失望する』という異例の声明を出したし、しかもその日は毛沢東の誕生日で、習近平は天安門広場の毛沢東記念館を訪問した直後に、その報を伝え聞き、不快感を表明している。これは大変だ……」

二階は翌朝北京に向けて出発する。北京では清華大学での講演と、中国人観光客を誘致するフォーラムでの講演が予定に組み込まれていたからだ。

わたしは二階たち一行と別れ広州に残り、二階の代理として深圳市の馬興瑞書記と会うことになっていたのだが、朝一番、この会見は都合により中止するという返事があった。これまで数十回、中国での要人会見を経験していたわたしも、これでは習近平は出てこないかもしれないと思いつつ、代わりに市長と会うため深圳に向かったのである。

人民大会堂にて

そして迎えた五月二十三日三時過ぎ。人民大会堂脇の広場に大型バスが続々と停車し、日本人観光客を下す。三〇〇〇人余の日本人が大会堂に向け歩き出す。二階俊博ら政治家は十余名。経団連元会長の御手洗冨士夫や、観光関係の経済人も加わっている。

控え室に案内され、時を待つ。本来なら習近平主席、汪洋副総理、外交担当国務委員楊潔篪。そして二階俊博、御手洗冨士夫、中村芳夫（内閣官房参与　現バチカン大使）。そしてわたしが宴会の始まる一時間前、会見することになっていた。

控え室にいるわたしの元に、今回の件を手伝ってくれた中国の友人から、

「内部で習主席は出席は見合わせるべきだとの強い反対の意見が出ている。習主席がどう判断するか今のところ分からない。しかし要人会見はすでに見送りが決まっているので、習主席が皆さんの前に出る可能性は極めて低いが、我々は努力する」との連絡が入った。わたしはその旨を二階に伝えると、二階は、

「主席が出られても、出られなくてもかまわない。我々は誰に頼まれて北京に来たわけではない。三〇〇〇人を越す日本人が日中交流を求め、自費で来たんだ。我々は堂々としていればよい。仮に習主席が来られないのであれば、自分一人で壇上に立ち、三〇〇〇人の日本人の前でスピーチをする」

二階は自信を込めて言ったのである。控え室にいる日本側のＶＩＰは、それとなく状況を察しているのか、不安そうな顔で、ヒソヒソ話をしている。中国での要人会見は、直前になって変更されたり、誰が出てくるか明らかにされないことが多々あるので、待っている政治家たちは「またかよ」という顔をするものもいる。要人会見に予定されていた時間になっても、心配していたように呼び出しが無い。

わたしはたまりかね、二階に、

「先生、習近平主席はやはり出席しないかもしれませんね」

と言うと、二階は、

「かまわない。石川さん。わたしが代わってスピーチを長くやるが、どうだ。帰国したらここにいる皆で総理官邸に抗議デモをやろう！と言ってみようと考えているんだが……。君もやるか」

最後のところは、茶目っ気たっぷりな顔をした。それにしても、なぜ安倍首相夫人は、よりにもよって、このような記念すべきイベントの直前「靖国参拝」をしたのか……。わたしにとっても、謎は消えなかったのであるが、二階本人にしても思いは同じだったと言えるが、二階はそのことは腹の中に押さえ込むつもりらしい。こんな時になっても、二階は平常心を保っていられるのか。

しかし、今はそんなことを詮索しても仕方がない。三〇〇〇人の日本人民衆を前に果たして習近平は顔を見せるのか。二階には自分にしかわからない動物的カンがあるのか「習主席は必ず出るよ」とポツリと言った。結果はそうなるのであるが、二階はなぜそのようにまで確信できたのか。以下、分析してみたい。

それは、政治家という生き物は、大観衆が大好物であるという本能を持っていることを、二階は誰よりも知っているからであろう。「政治とは選挙のことだ」と言い切る二階のこと。政治家は人が一人でも多く集まるところに立てば、別人のように輝くものだ。その数が票になると見えるからだ。選挙ともなれば広場に、あるいは箱物といわれる公民館などに支持者や党が動員をかけるのはそのためである。路上や広場を埋め尽くす多くの有権者が集まると、彼の演説に力がこもる。別人のようにエネルギッシュになる。と、ここまで書きながら、小泉純一郎が「自民党をぶっ壊す」と絶叫した選挙を思い出す。そのときは小泉が行く先々は人人人であふれる。これを見た小泉はますますエネルギッシュに怒声を交えた演説をする。すると群衆も興奮し、人は更に増えるのであった。話は古くなるが、この天安門広場で、百万人を越す紅衛兵を集めた毛沢東は「造反有理」「司令部を包囲せよ」と言えば百万の若者が熱狂する。政治家の大好物とは大群衆の前に立つこと。これなのである。

二階俊博は、その時わたしに向けてそのようには語らなかったが、三〇〇〇人もの外国人の前で話す機会はめったにない。彼が政治家であるなら、ここまで準備ができているのに、人前に立たぬはずはない。習近平主席は必ずここに来る。これは二階俊博の確信であり自信であったと思われる。もうひとつ、この年の二月、二階は海南島で開催された「ボアオ・国際フォーラム」で習近平と数分会っている。その時二階は「五月頃中国を訪問する」と伝えると、習近平は「歓迎します」と答えている。二階にしてみれば国家主席の言葉は重い。そういった以上は、必ず出てくるだろうという確信もあったと思われる。

さらに加えてもうひとつ二階は同じような経験をすでにこの中国のこの場所でこの時より十五年前にしていたのである。

五〇〇〇人の訪中団

二〇〇〇年五月二十日、小渕恵三内閣の運輸大臣であった二階俊博は「日中文化観光交流使節団二〇〇〇年」という長ったらしい名称の一団（団長は平山郁夫画伯）の特別顧問として五〇〇〇人を超える日本人と共に、この人民大会堂に集まっていた。

政府関係の祝賀会ではないので、中国の通例では政治局常務委員でもとりわけ国家主席や副主席が出席することはまずない。しかし、この大祝賀会には、胡錦涛国家副主席が出席する手筈となっていた。前にも述べたが、大人数が揃えば政治家はそこに出て顔を見せたい習性がある。この日は江沢民の中国共産党にとって、胃が痛くなるほど深刻な選挙が台湾で行われる日でもあった。中国からの独立を指向する陳水扁が優位に立っているという事前予測が出ていたからである。

話は少々古いのだが、一九九六年台湾独立を志向する李登輝が大統領選に出馬することとなり中国はこれに猛反発し、台湾の沖合でミサイル発射をするなどして威圧する。これに怒ったクリントンの米国海軍は原子力空母を派遣する。台湾海峡は米中の海軍が向かい合うほど緊張していた。このようなことがあっても独立志向の強い陳水扁はさらに強く出ると目されていたのだった。

国家主席江沢民は、おそらく中南海の執務室で、その結果を注視していたであろう。ところが、事前通告もなく、胡錦涛国家副主席が登壇しているにもかかわらず、突然江沢民がそこに現れたのである。驚いたのは日本側出席者だけではなく、胡錦涛たち中国側もであった。国家的祝い事とか党大会を除けば、単なる外国からの観光客の大宴会に、国家主席と副主席の二枚看板が出席することは空前絶後ともいえるほど、異例中の異例。しかもこともあろうか江沢民は、壇上を降り、五〇〇〇人余りが着席しているテーブルに近づき笑顔を振りまくという、これまた例外的なパフォーマンスを演じたのである。

果たして翌日の「人民日報」は大々的にこれを報じる。党中央機関紙人民日報の主要な報道は、その前日、党内序列の上位から順に、彼が誰と会ったかを報道する内規がある。例えば序列第一の「国家主席江沢民会見。米国副大統領」、第二位の「呉邦国　全人代委員長会見。日本国副首相」等々。これは中国に対し諸外国の要人が面会を求めてやって来た。これに対し中国は、相手の地位に応じ、よろしく対応したという昔の朝貢外交の儀式を二十一世紀においても行っていることを意味しているのである。この大祝賀会の翌日には、台湾の選挙結果が明らかとなる。国家主席江沢民が一面トップに登場するネタがない。ないどころか、まさか台湾に独立派の政権誕生と第一面に書くこともできない。

さあどうするのか。ここからはわたしの邪推であるが、このとき江沢民は五〇〇〇人余りもの外国人が、目と鼻の先に集まっている。副主席胡錦涛がそこに出ることになっている。だったら自分がそこに出て挨拶しようと、決断したと思われる。胡錦涛にしてみればトンビに油揚げを取られたような気分になったかもしれない。なぜならその席の主座は自分のはずなのに、自分の上位に当たる国家主席のお出ましとなれば、体を小さくして、ジッとしているしかないからである。江沢民からしてみれば、人民大会堂に五〇〇〇人余りもの人間が集まっている。これは人民大会堂史上、初の大宴会である。その大群衆の前に中国の国家主席が顔をみせないなんてあり得ない。自分こそこの国の天子であることを証明する絶好の機会ではないか。以上は繰り返すがわたしの邪推である。念のため……。

二階俊博は、中国共産党が政権を作って以来、初めてかと思われる国家主席と副主席が同席する大祝賀会の一方の当事者であった。すなわち二階俊博は、この歴史的珍事の主役の一人でもあったのである。大群衆となれば、政治家は必ず顔を出す。二階俊博は習近平を待ちながら、一人秘かにそう確信していると二階の隣の席にいるわたしには思われたのである。

江沢民と二階俊博

江沢民と二階の歴史的会見には後日談がある。

二階は江沢民に対し、書を依頼する。しかもその書を日本において日中友好の碑として後世に伝えたいと言うと、江沢民は快諾し、

「登高望遠　睦隣友好　江沢民　二〇〇六年一月十六日」

という大きな直筆の書を二階に贈る。後日談とはこれを巡っての話である。

江沢民の書を贈呈される二階俊博

二階は帰国早々、これを故郷和歌山県のしかるべき土地に碑を建立すべく動き出すのだが、これを知った右派勢力が猛烈な抗議運動を始める。江沢民は日本側の一部に反日派の頭目という評判のある中国の国家主席。そんな反日派の碑を建てることは許さない。というのである。

そうした反対運動にもかかわらず二階は実行しようとするのだか最終的には断念。こうしたこともあり、二階は親中派どころか「媚中派」というレッテルを貼られることになる。第二章で反中派の論客といわれる岡崎は、この一件に触れ、江沢民の碑を建てることに賛同してもいた。

わたしはある時、二階に「どうして、それほどまで江沢民の碑を建てることにこだわったのか」とたずねると二階は、

「あのときは、相当に抗議、攻撃を受けた。そのせいで予定地も、碑もずいぶん有名になった。だからこそなおさら建てようと考えた。

これほど騒がれ有名になった江沢民主席の碑であれば、言っちゃあ何だが、怖いもの見たさに、多くの日本人が観光地として訪ねてくれるだろう。日本人だけではない。中国人だって、自国のトップの記念碑が外国であれ建っていれば、見物に来る人も少なからずいるだろう」

実学の人二階俊博にしてみれば、これは地元の「観光資源になる」と考えたのであった。

「惜しいことをした」と二階は最後に言ったが、わたしはその時の二階の表情を思い出すと、思わず笑い出したくもなる。このような着想は金丸信的だと考えたからである。岡崎久彦が「二階先生は中国に行っても、ちゃんと元を取ってくる」と言ったことは前にも述べたが、こうした着想が岡崎久彦をして、二階俊博に一目置かせていると思われるのである。

本書は二階俊博を陰画にして「政治とは何か」「政治家とはいかなる人間なのか」を書いているので、ここでも更に余談として毛沢東についてしばらく書きたい。なぜならわたしたちは、毛沢東記念館がある、あの天安門広場に隣接する人民大会堂でその時を待っているのだから。

毛沢東の文革

なぜ毛沢東は大災難とまで言われる「文化大革命」を発動したのか。

中華人民共和国を設立した毛沢東は、その手腕、カリスマ性、そして文人としての力量、どれを取り上げても中国史に残るであろう。秦の始皇帝にも比せられる彼の独裁者ぶりは、彼の一言一句。彼の指先で億万の中国人を動かすと言われた。

その毛沢東が、なぜ「文化大革命」という未曽有の「大災難」を発動したのか。この動機は中国現代史における最大の謎かと思われる。

経済政策としての「大躍進」の失敗により、数千万人が餓死したことで、党内での実権を失い、代わって登場した劉少奇らのいわゆる党内走資派から再び権力を奪取するために文化大革命という大号令を発した、というのが多くの歴史家の説明である。

わたしもこの説に同意する。しかし、実権派（走資派）を打倒するその手法をここで取り上げたいのだ。

なぜ、中学生や高校生といった子供らを、大動員し、権力の奪回に向け動き出したのか、その理由を考えたいのである。

世界史において、権力を奪う手法として、兵を集め、これを養い、時を待って動くことは多くの例がある。しかし、兵士は大人に限定されているが、毛沢東は、子供たちを「紅衛兵」という兵士あるいは軍団に仕立て上げたのである。

この手法は世界史に類も例もない新しい発明であった。

毛沢東は、彼らにいわゆる武器は持たせず、ただただ数を集め、集まった数の力で実権派を打倒させたのである。武器はたった一つ。毛沢東の「言葉」あるいは「語録」といわれるものであった。

「造反有理」「司令部を包囲せよ」

紅衛兵は毛沢東の言葉を念仏のように唱え、中国全土から集まり、大人たちをぶん殴り、怒声を浴びせ、家屋を破壊、略奪する。彼らによって殺害されたり精神的障碍者となった数は二〇〇〇万とも三〇〇〇万人ともいわれる。

天安門広場に百万を超す紅衛兵が集まり、毛の声を聴く、毛に触れたい。そういう追っかけ集団も現れる。群衆が集まれば集まるほど、毛沢東自身も更に悪魔的存在へと化す。毛沢東本人自身ですら制御できないほど紅衛兵は暴徒化する。

なぜこれを毛沢東は容認したのか。容認どころか、毛沢東は「騒ぎ方が足りない。もっとやるべきだ」と言ったのか。その理由は、毛沢東自身にしかわからない。しかし、わたしの推測では、毛沢東は史上、どんな政治家も独裁者も経験したことのない、億にものぼる子供らの前に立ち、その子供らを指一本で、あるいは自身の言葉で動かしてみたかったのではないのか。これがわたしの推理である。数百万の大衆の前に立つ。数十万の兵士の前に立つ。これなら史上、少なくない君主が、革命家が、将軍が行っている。しかし、二十代前後の子供ら、数百万、数千万を集め、指一本と彼の言葉で動かす。これを実行したものは皆無ではないか。毛沢東は紅衛兵が大群衆になればなるほどそのように確信したのではなかったのか。

これは逆から言えば、人々が多く集まった。だったら自分もまたそこに登場する。登場し顔を見せ言葉を発すれば、人々は更に集まる。そのような運動体となっていたはずだ。

紅衛兵が初めて出現したのは一九六六年八月十八日であるが、同年の十一月まで合計で毛沢東は八回も彼らの前に立っている。この八回の会見で集まった紅衛兵は一千万人以上と言われている。平均すれば一回につき百万人を超す若き暴徒の前に毛沢東は立っていたことになる。

すなわち毛沢東は大群衆から、逆説的ではあるが逃れられなくなっていたのである。

では、このエネルギーをどのように消滅あるいは方向を変えさせるのか。エネルギーは恋に落ちた少年のそれに近

天安門広場に集まった紅衛兵

く、恋が破れたならこれをいやすのに新しい恋人を作るしかない。毛沢東は「撃ちかた止め」を決意し「敵は中南海にあり」から「農村に行き農民から学べ」と一八〇度も違うスローガンを発動する。

世に言われる「下放運動」である。

北京に、上海に、といった大都市に集まり暴徒と化していた紅衛兵は、今度は黄土高原に、甘粛省の荒野に、といったように中国でも最貧の地方の農村に送り込まれるのである。現代中国の最高指導者である習近平や、党規律委員トップの王岐山たちもこのとき下放された経験者である。毛沢東は数百数千万もの若者を集め、革命という名の恋心を与えたが、これを消滅させる方法をも知っていたのである。火をつけておきながら、消火の方法をも知っていた。というべきかもしれない。

話があまりに大きくなってしまったようだが、言いたいことは「政治家という動物は、人前に出ることが本能として大好きだ」ということである。全身政治家二階俊博の潜在意識に、この政治的真理がしまい込まれていると、わたしには思えるのである。わたしの妄想はこれくらいにしておく。

大宴会場では先刻から習近平を待つ間の余興コンサートが始まっている。わたしたちは、尚も待たされているので、本論を続ける前に少し寄り道したい。

韓国での二階一座

この訪中より三ヶ月前、二階は韓国に向け一団を組織していた。正確に言えば、この五月二十三日の三〇〇〇人訪中団に先がけ、二階俊博は二月十三日に一五〇〇人を集め韓国訪問団を実演していた。慰安婦問題、竹島を巡る領有権、さらには「産経新聞」支局長に対する逮捕と拘束といったことが続発し、日韓関係は日中関係と同じか、あるいはそれ以上に冷えに冷え切っていた。二階はこのアジアの両国に対し「民の力で官を促す」という手法で、先ずは改めて日本民衆の姿を見せつけようと考えたのである。二階と韓国との縁も深い。一九八二年当時、和歌山県議会議員であった二階が地元高校のホッケーチームを引率しソウルと南部の都市大邱を訪問したのが始まりである。二〇一二年の韓国麗水における世界万博を手伝った貢献で李明博の韓国政府より「金塔産業勲章」を授与されたり、二〇一四年に発生した「セウォル号遭難」で七〇〇名近い死者を出したが、二階はＮＨＫ交響楽団を引率し、慰霊コンサートを行ってもいた。

韓国と中国という近くて遠い二つの国の交流を常に意識していた二階はこの二〇一五年に、韓国と中国に揃って大型の民間交流団を組織しようと考えたのである。わたしは先に紹介した訪中団とこの韓国訪問団の両方に出席したのだが、韓国においても二階は彼の特許ともいうべき「外交芸」を見せつけるのである。同年二月十三日、政治家や経済人を含め総勢一五〇〇人がソウル市内に集合する。そのころはいまもそうであるが、先に列記した理由もあって日本人観光客は韓国行きを敬遠する風潮が強まっていたので二階はすこしでも多くの日本人観光客を同行させ、韓国への旅行業界を助ける目論見もあったのである。

ソウル市内のホテルに集合した二階を団長とする日本人観光客のためＮＨＫ紅白歌合戦にも出演したことのある韓国の女性演歌歌手が日本の歌を熱唱した後、思いもしない特別ゲストが壇上に現れる。

紀州の鉄砲隊

この人々は豊臣秀吉が朝鮮半島に出兵した時、紀州和歌山から参加していた雑賀衆の鉄砲隊の末裔であった。

司馬遼太郎の小説『尻啖え孫市』で有名な雑賀衆の頭領である孫市の子供である孫市郎が豊臣家の鉄砲頭となり雑賀衆を連れて朝鮮半島に渡るのだが、「この戦には大義がない」として反旗を翻し、なんと朝鮮軍に味方し、日本勢と戦うことになる。この鉄砲隊の武将は「沙也可」と呼ばれるようになり、やがて朝鮮軍に火薬や鉄砲の製造方法まで教える。日本に戻ることができなくなった彼は当時の李王朝の将軍にまで登り詰め金忠善という名前を与えられることになる。

これははっきりした史実が必ずしもあるわけではないが、伝説と事実がない交ぜになって完成したストーリーかもしれないが、韓国側でも知る人ぞ知る話なのである。

二〇一〇年、この沙也可から数えて十四代目の金在錫らが、和歌山市を訪問し「沙也可シンポジウム」が開催され、顕彰碑が建立されている。この碑に揮毫したのが和歌山県を地元とする二階俊博であった。二階は後に大統領になる朴槿恵とは浅からぬ因縁があった。このシンポジウムより四年前の二〇〇六年、野党だったハンナラ党の朴槿恵代表が数名の韓国議員団を連れて、この当時経産大臣であった二階の元を訪ねる。その時二階は先に挙げた雑賀鉄砲隊の「沙也可」をテーマにした神坂次郎の著作『海の伽倻琴』の韓国版をプレゼントするのである。そして二階が、

「沙也可将軍の子孫が韓国の南部友鹿村を中心に先祖から数えて十四代、おおよそ七〇〇〇人もいるそうです。その中には確か法務大臣になられた方もいて、本人自らも自分は日本人の血が流れていると言われたそうです」

と述べると、朴槿恵は、

「友鹿村は私の選挙区です。出馬するとき遊説に行ったことがあります。亡き父（朴正熙・元大統領）は、金（致烈）法相のことを大変立派で、義理がたく、すばらしい人だと評しておりました。一時期、私の後援会長をしていただいておりました」

と語ったという。この話は、二階が韓国についてインタビューされると、しばしば語るほど詳しいのだ。

この日本人の血を継ぐ紀州鉄砲隊の末裔たちが招待され、日本人一五〇〇名の前に登場したからたまらない。

会場内は大拍手に包まれていた。織田信長ですら手を焼いたといわれる雑賀衆鉄砲隊、その子

孫たちが四〇〇年の時空を超え、日本人の前に現れたのである。芸人とは何か。それは観客を楽しませる人間のことである。二階俊博は秘かに彼らを招待していたのである。一五〇〇名に上る観客が自腹を切って海外にまで来てくれた。彼らのためにも演目は重要である。高い入場料を払っているからである。二階はそこまで考えて、この鉄砲隊の末裔たちを招待し観客に紹介したのだった。興行師二階俊博に「おひねり」のひとつも投げたくなるではないか。

すでに述べたように、この話を朴槿恵が大統領が政治家になる前に、伝えてあった。二階はこの話を思い出し、大統領になった朴槿恵に対するプレゼントの意味も込めて秘かに彼らを招待していたのである。

秀吉による朝鮮出兵は半島におびただしい災難をもたらし、その後も秀吉が取ったこの行動は日本の大侵略として朝鮮の記憶に深い傷を残すのであるが、しかしこの紀州の鉄砲隊たちが「この戦に義がない」と反旗を翻したことで、日本人への恨みも幾分かなりとも中和させるものとして、韓国においても、よく知られているのである。二階はこの話を二階公演に参加してくれた日本人客にも直接知ってもらおうと考えたからであった。論より証拠というわけである。

若宮啓文と二階俊博

この二階一座の公演には、こうしたアドリブ的要素がいくつも仕込まれている。もうひとつこの韓国公演の時のエピソードを紹介する。この宴席の前、二階は参加者たちに向け、勉強会を用意していた。せっかく韓国に来たのだから物見遊山だけでなく、直近の日韓情勢を学ぼうと考えたのだ。その日たまたま韓国に滞在中の若宮啓文、元朝日新聞論説主幹が会場に現れた。すると二階はわたしに対し、

「日韓問題で最も詳しいジャーナリストは若宮先生だ。わたしが話すより、若宮さんに話してもらいたいので。頼んでもらえないか」

と言う。若宮啓文にとって、これは絶好のチャンスだった。というのも若宮は「安倍政権を倒すのは朝日の社是である」と言ったとか言わないとかで、安倍官邸が怒っているとされ、右派系のメディアから猛攻撃されていたのである。

失意の中、韓国の大学で教鞭を執っていた若宮に救いの手を差しのべたのが演出家（？）二階俊博であった。若宮はこの時いつにもまして日韓関係かくあるべしを熱っぽく話し、会場から大きな拍手が湧いた。後に若宮は「あれほど嬉しかったことはなかった。二階さんに感謝する」とわたしに語っている。二階俊博と若宮啓文を引き合わせたのは、わたしであるが、

「いやー、二階さんて、わたしが想像していた政治家とは全くの別人だった。もっと早く知り合っていれば、自分のイメージする日本の保守政治家というものが、違ったものになっていたかも知れない」

と若宮は言った。

朝日新聞政治部部長をつとめた若宮は数え切れないほど多くの政治家を取材していたはずなの

に、若宮にとっても二階俊博は「無印良品」であったことになる。

この若宮啓文は二〇一六年四月、北京のホテルで客死する。その日は中国の「公共外交」フォーラムに出席することになっていた。二階俊博もパネラーの一人であった。この日の夕方北京の二階からわたしに電話がかかってきた。

「石川さん。もう知っているかもしれないが、若宮さんがホテルで亡くなったようだ」

二階からの電話で若宮の死をしらされるとは……。

それにしても二階と若宮とわたしとは不思議な縁であった。若宮が心血を注いで書いた『戦後保守のアジア観』が石橋湛山賞を受賞すると、二階俊博は「自民党の若い政治家に読ませたい」といって、この部厚い労作を百冊も購入し配っている。

「書き手とすればだれでも買い求めてくれている人間には感謝するけど、二階さんが若い政治家の勉強のために買ってくれた。こんな嬉しいことはない」と若宮は言っていた。

繰り返すが二階俊博を一代の政治ジャーナリスト若宮啓文を引き合わせたわたしではあるが、その若宮の死の第一報を知らせてくれたのが、北京で若宮と共にフォーラム参加予定の二階俊博であった。

「もっと早く二階さんに会いたかった」という若宮の言葉がいまもわたしの耳に残っている。

二〇一五年、二階俊博はこの韓国訪問と本章で紹介している中国訪問を成し遂げたわけだが、この二つの海外公演はこれまで二階が行ってきた「二階一座海外公演」の集大成ともいえるものであった。

宴会が始まる

待ちくたびれているわたしの元に件のA氏から、習近平の出欠を巡る中南海での会議も終わったとの電話が入った。

宴会が始まる予定時間の三十分ほど前、中国側の案内人が控え室に入って来た。

「皆さん、習近平主席と記念写真を撮りますので、お集まりください」

その言葉を聞き、習近平が出席することが確認でき。待たされていた控室に安どの声が漏れる。記念写真を撮り、わたしたちは宴会会場に向かった。

その時、二階が取った行動がおもしろい。二階は外務省の役人が持っていた安倍首相の親書を受け取る。二階はどのタイミングで渡すのだろうか。要人会見の時間はない。習近平は挨拶が終われば直ちにここを離れるはずだ。まさか親書を歩きながら渡せるはずがない。どこで、どうやって渡すつもりなのか……。わたしはそこだけに注目していた。

三〇〇〇人が着席する大宴会場に習近平は汪洋（国務院経済担当副首相）、楊潔篪（国務院外交担当副首相）、李金早（国家旅游局長）を従え、壇上に登り、着席した。二階俊博はその隣に座る。二階は白いやや大きめの封筒を手にしている。習近平が演説をする直前、二階はこの親書を習近平に手渡したのである。三〇〇〇人の日本人の目の前で「安倍首相の親書です」と瞬時に判断する二階の瞬間芸。いい度胸だ。一国の首相の親書を大観客の見ているその前で、さらりと渡したのである。まさかこれを拒否できるはずは無いからである。わたしはこれを目の前で見たのである。

先に紹介した習近平の歴史的演説が始まるのは、この後のことであった。

二階にしてみれば習近平主席、いよいよ大芝居の始まりです。日本から政治家、経済人、地方自治体の首長、全国から集まった広範囲な日本人民衆が、観客として集まっています。この大芝居。主役はあなたです。存分に演じてください。二階俊博海外公演の始まり始まり……。ということになる。二階俊博が人知れずに「芸としての外交」を実行していると言ったのは、この意味においてである。

話がずいぶんとそれたが、習近平がスピーチを行った後、二階俊博も次のようなスピーチを行っている。二階は中国であれ韓国であれ行く先々でスピーチをしている。わたしの手元にも多くのスピーチ原稿があるので、二階が外国に出向いたとき、どんなスピーチをしているのか、その一つとして以下全文を紹介する。

二階俊博のスピーチ

「尊敬する習近平主席閣下、汪洋副総理閣下、楊潔篪国務委員閣下、李金早国家旅游局長閣下、御列席のみなさま、日中友好の発展を熱烈に願う三千人を超える日本の民間大使の一行を温かく歓迎をいただき、こころより感謝を申し上げます。

三月末、わたしは、ボアオ・アジア・フォーラムにおきまして習近平主席閣下にお会いした際、習近平主席閣下から、ただいまのお話にあったように、本訪中団を『歓迎する』との温かいお言葉をいただきました。こうして日本の各地、各界を代表する同志のみなさんと共に、かく充実をした日程で訪中を実現し、習近平主席閣下のご臨席の下で盛大なレセプションに御招待をいただきましたことを大変うれしく存じます。

日中関係を支えているのは、時々の政治情勢に左右されない民間レベルの深い人的関係であります。こうした信念に基づき、これまで日中関係が良い時も、悪い時も、志を同じくする同志と共に、日中間の観光交流や地方交流、さらに青少年交流、防災分野での技術協力等、全力で取り組んでまいりました。

今回三千人を超える訪中団も、まさにこうした信念に基づいての決断であり、参加者のみなさん一人一人が自らの意思で御参加をいただいており、ここにわれわれ訪中団の民間大使としての意義があると考えております。今回の訪中団には、国会開催中の週末の合間を縫って、林幹雄衆議院議員運営委員長をはじめとする二十三名という多数の超党派の国会議員が参加している。また、高橋（はるみ）北海道知事、西川（一誠）福井県知事、荒井（正吾）奈良県知事、上田（清司）埼玉県知事をはじめ、多くの地方自治体からもご参加を得ていることは、日中間の議員間交流や地方間交流の層の厚さを示すとともに、日中交流に対する日本側の熱い思いを象徴するものであります。

どのような時であっても、わたしはこうした交流を途絶えさせてはならないと考えている。と

スピーチを行う二階俊博

りわけ、文化交流は日中間の交流の中でも最も重要な位置を占めております。本年の十月には、北京の国家大劇院におきまして、ＮＨＫ交響楽団の公演がおこなわれることになりました。

日中友好の音楽を奏でることになっております。わたしは、先ほど中国の文化部の幹部のみなさんと共に、音楽会開催の調印に立ち会って参りました。

そしてまた、特に自然災害の多いアジアでありますが、アジアの諸国の間で防災協力を推進してまいりましたが、是非ともこの際、中国の国家主席はじめ、幹部の皆さんのご理解をいただき、十一月五日を『世界津波の日』となるように提唱したいと思いますので、よろしくご理解を賜りたいと思うものであります。

この一環として、青少年交流を推進していくことが重要であります。先ほど習主席も述べられましたが、青少年は、次代を創る重要な世代であります。この前、われわれは大災害を受けた時に、中国から温かいご配慮をいただきました。その際、五百人の子供たちを中国の海南島に御招待いただいたわけでありますが、わたしどもはそれに感謝する意味で、百人のこの第一班の青少年達を連れて海南島におうかがいをしました。そして、子供たちは打ちひしがれた中で、仙台から飛行機に乗ってお伺いしたわけでありますが、そうした中で、中国のみなさんの温かいご配慮によって、そして海南島のあの太陽の燦燦と照り輝く地域において、二日間で子供たちは、元気溌剌とした日本の子供たちに生まれ変わったのであります。わたしは、先程来、この中国においてもいろいろな関係者とご相談をし、先ほどご紹介した知事の方々もおいでをいただいておりますので、この際、中国から少ない数ではありますが、あの時と同じように五百人のみなさんを我が国に御招待をして、子供たちによる日中友好の実を上げていきたい、このように考えておりますが、いかがでございますか。

ありがとうございます。多くのご同意をいただいて、われわれは引き続いて、こうした民間交流を、全力を挙げて努力をしていかなければならないと思います。習近平主席閣下をはじめとする中国側のみなさま方からの前向きのご指示をいただきながら、共に日中関係の新時代を築いてまいりたいと思います。日中の世々代々、子々孫々の平和友好を次の世代に引き継ぐことがわれわれの使命であり、みなさんと共に全力を尽くして、そのことを実現してまいりたいと思うものであります。本訪中団のために御尽力をいただきました日中双方の全ての関係者の皆様方に、ここに心から感謝を申し上げ、今日こうして大変なご多忙の中から習近平主席閣下がわざわざわれわれのためにこの場に足をお運びいただいたということを、われわれはこのことを胸に刻んで、これからの日中関係、先程来お述べになりました習近平国家主席のご挨拶、十分意味を理解し、そしてその実現のために、実行のためにわれわれも努力することを誓おうではありませんか。

日中の今日まで御努力いただいた方々、わたしも今、習近平主席がお述べになりました中国側の人々、日本側の人々、みんな遥かに存じ上げております。その人達のご苦労がどんなものであったかということを、わたしは今日ご出席をいただいている日本側の代表のみなさんに是非にご理解をいただきたいと思います。今時間もありませんから長く語るわけにはまいりませんが、わたしは藤山愛一郎先生にしろ、古井喜実先生にしろ、そうした方々が本当にご努力をいただき、ご苦労をいただいたことを、わたしは遥かに若い世代ではありますが、存じ上げております。そのことからすると、われわれは今、何をなされなくてはならんかということは、みんながお分かりのはずであります。共に頑張って、日中友好のために力を尽くすことを、ここに会場のみなさんと共にお誓いを申し上げ、わたしの挨拶を終わらせていただきます」

二階のスピーチを終え食事が始まった。こうした宴席には、五品から七品くらいの料理が振舞われる。中華料理は、熱いものが主流なので、あらかじめ仕込んでおくことができないので、その場で料理せざるを得ない。三〇〇〇余人が座る席に約一時間余りの間に、頃合いを見計らって、数百人のウェイトレスが皿を運ぶのである。これはもう曲芸というか神業に近い。朝貢外交で鍛えられているせいでか、これをスムーズに実行するのである。

大連にて

こうして三〇〇〇人が集まった会が終わると、翌日二階は三〇〇名もの観光客と共に大連に向かい、そこでもスピーチを行っている。二階は大連市の名誉市民であり、東北財経大学の客員教授という肩書を持っていて、定期的に同大学を訪問し、講演を行っている。同大学には、二階俊博たちが記念植樹した日本の桜が数百本あって、春ともなれば花見客が多数訪れる場所として有名である。

大連の名が出たが、東西南北をかけ回る二階俊博について書き進めているので、二階の跡を追いかけるのは大変な作業だが、この大学での二階について余談をしたい。

二〇一四年九月、二階俊博は、前にも述べたがマンガ家森田拳次を代表とする引き上げマンガ家たちが結成した「私の八月十五日の会」のメンバーたちと、ハルピンを訪問する。その帰路、大連に立ち寄り、同大学で講演することになっていた。漫画家たちと共に旅行していたわたしも二階に誘われ、そこで日中交流について話をすることになっていた。

日本の著名な政治家の講演ということで、数百名の学生が集まっていた。同大学の学長以下、同校の教授たちもそこにいた。二階は日本と中国が交流することが如何に大切な事か、を自身の交流体験を交え話し、わたしは、日本のマンガやアニメがどのように発展したかについて話した。それが終わると質疑応答となったのだが、最後に手を挙げた学生が思わぬ質問をしたのである。

「二階先生は日本で著名な政治家であることが分かりました。その二階先生に質問します。尖閣諸島は中国の領土ですか。それとも日本の領土ですか」

このころ、日中はこの島の領土問題で相当に冷え込んでいた。今もそうではあるが。

この質問が発せられると場内はシーンと静まり返った。学長たちが動揺する姿がわたしにも感じられた。中国ではあらかじめこうした敏感な話題をさけるのが通例であるが、学生は意を決して質問したに違いない。

さて、二階はどのように答えるのか。わたしは二階を見つめる。すると二階はおだやかな表情で、

「お答えします。お答えしますが、この件についてはわたしの隣におります石川先生が大変詳しい。ですからわたしがお話しする前に、皆さんと共に石川先生の意見を聞いてみることにします。では石川先生どうぞ」

二階は突然わたしにふったのである。何という老獪さ、何という咄嗟の運動神経。いや政治家神経というべきか。わたしの推測では、二階はわたしが話している間に、何を語るべきかの時間的余裕が欲しかったかもしれないし、わたしが話すことに補足して答えるつもりになっているかもしれない、とわたしは判断し、次のようにまず話すことにした。

「質問の通り、日中はこの問題で緊張しています。その理由は……、と話し始め、日本がなぜ尖閣諸島を歴史的にも、国際法上も日本の固有の領土であると主張するのか、を詳しく説明し、他方中国はかくかくしかじかの理由で中国の領土であると主張している。両者がお互いに立場を

変更することはなく、にらみ合っているのが現状です」

学生に向け、わたしは十五分くらいかけ詳しく説明した。

すると二階俊博は、

「ただいま石川先生がこまかく説明してくれたように、そういう見解の違いで、対立しているわけであります。そこで私の意見を述べます。皆さんとわたしの間には五〇年近い年齢差がありますね。わたしが申し上げたいのは皆さんがわたしと同じ年齢、すなわち五〇年後の皆さんになったつもりで、今のこの問題を考えてもらいたいのです。今から五〇年経っても、日本と中国はこの問題を抱えたまま進むのでしょうか。あり得ませんよね。中国では『歴史を鏡として現代を見る』という言葉がありますが、わたしは若い皆さんに『未来を鏡として現代を見る』という言葉を差し上げたい。そういう視点から考えると、五〇年先の（これは皆さんのことでありますが）皆さんから見れば、五〇年前の日本人も中国人も、こんなことで喧嘩していたのか、ということになるでしょう。そのような視点から考えればこの島の問題は自ずとどちらの国に属しているのか否かの答えが出てくるでしょう」

ざっと、こんな内容の答えを話したのである。

この説明の仕方は、鄧小平が尖閣諸島問題について、

「尖閣問題は、わたしたちの世代では解決が難しい。わたしたちより知恵のある後の世代に任せよう。十年先、二十年先でもいい」

と語ったいわゆる「棚上げ論」に似ている。この時、二階が鄧小平のこのセリフを思い起こし

ていたとは必ずしも思われないのだが、政治的な知恵者である鄧小平と同じように二階俊博は、このとき学生の前でも政治的知恵者としての答えを開陳していたのである。

冒頭で紹介した陸奥宗光のいうように、

「政治はただただ知恵のあるものとヒソヒソと論じるべきで、愚者とは決して話し合ってはいけない」

この術あるいは芸が、二階俊博の体内に潜在していると、わたしには思われるのである。

わたしは日本の政治家たちのテレビ討論を何度も目撃した経験があるけれど、この時の二階の答えほど感心したことはない。答えは誠実でありながらも、上手に本質をはぐらかし、皆さんが七十歳になった時にどうなっているのか。そこから現在を見てください。まるで掴みどころのない雲の中に相手を誘い込み、説得するこの二階俊博の「術」、あるいは「芸」。

二十歳前後の外国人の若者をこのようにして、けむに巻くのである。この二階の答えに、質問者の学生が納得したのか否か、よくわからないが、少なくともこの答えによって場内は再び穏やかなムードに包まれたのであった。

話しが大連にまで行ってしまったので、再び北京に戻る。二階はこの時、習近平の前で自分が話したことを実行に移す。

同年の十一月、二階俊博は再び北京に行く。

約束を果たす

今回はNHK交響楽団を引率し、演奏会を開催することと、五月二十三日にスピーチした、中国の高校生を招待するためであった。五〇〇名の高校生たちは同年五月の三〇〇〇人集会に列席していた各県の県知事が受け入れ先となり、出発直前の高校生たちの結団式に出席することも重要な仕事であった。

加えて、二階たちが植林した現場に三度入ることで、さらに日本が中国の植林運動に協力する下準備も兼ねていた。わずか三日間の滞在なのに、音楽会に、青少年交流に、植林運動に、そして国家発展改革委員との協議にと、一人の人間が全く異なる分野の仕事をこなすのである。

帰国した二階は、中国への植林事業を復活させるため動き出す。これは小渕恵三が首相の時、作られた「日中緑の基金」を復活させるというものであった。

全身政治家、二階俊博の面目躍如ではないか。

しかし、自民党の外交部会から猛反発がでる。「経済大国になった中国に、なぜ中国の植林運動に日本から援助せねばならないのか」これが反対の理由である。

しかし二階は一歩も譲らず、

「植林は今日のために、あるいは次世代のためにやるものではない。木が成長するには百年近い年月を必要とする。その育った木を見て、先祖たちがこのような森林を残してくれた、と感謝するものだ。植林ほど現世の利益を超えた人間の行為はない」

これが二階の持論であった。二階の説得により「小渕日中緑の基金」がよみがえるのである。木の国和歌山。日本の森を守った郷里和歌山の南方熊楠との功績が二階の潜在意識にしまい込まれているようである。

短期間の北京滞在中、二階は習近平への表敬訪問の手続を行ってはいない。わたしはこの旅にも二階に同行していたのだ。習近平に近い筋から、

「二階先生は主席と会う意思はないのでしょうか。申し出があれば必ず実現しますけど」

と伝えられたので、その旨を二階に話すと、二階は、

「いやいや、今回は会わずに帰る。今回の目的はそれではないからね」

と答える。

知恵のある政治家、二階にしてみれば五月の会見は大成功だった。あの時、参加した日本人の多くが感動するスピーチを習近平は行った。その余韻はいまだ残っている。会わずに帰った方がこの余韻は長く続く。次に会うときは三〇〇〇人を越す大兵力での時だ。二〇一七年は日中国交正常化四十五周年となる。そのころにでも会えばよい。二階は秘かに考えているようであった。しかし二〇一七年五月十六日、二階は北京で開催された「一帯一路」フォーラムに参加し、習近平と会談している。このことは第一章で触れた。

二階流交渉術

「日中国交正常化」という話題を出したので、これと二階俊博について触れたい。日本と中国は一九七二年に国交を正常化した後、二〇〇二年に正常化三〇周年記念を、そして二〇〇七年に三十五周年、さらに二〇一二年に四〇周年、そして二〇一七年に四十五周年をそれぞれ記念する通年でのイベントを両国で開催するようになっている。その中でも二〇〇七年の三十五周年記念は最大規模のものであった。わたしは、この日本側実行委員会において、企画委員長を務めていた。企画委員会として日中の伝統民俗芸能を、たとえば日本側の出し物は、秋田の「竿灯祭り」徳島の「阿波踊り」等々、中国側は少数民俗芸能からそれぞれ十づつ選び、双方で一大パレードを行うことを提案し、中国側もこれを了承した。問題は場所であった。なにしろきらびやかな衣装を身にまとった、合計すれば数百人もの人間がパレードするという企画なので、できれば北京のどこかの大通りでやりたい。しかし、大群衆が集まることを強く警戒する中国側は箱物の中で、日中が交代で演じるか、広い公園内に舞台を設置しやりたいという返事しかよこさない。それでは意味がないと考えたわたしは二階に相談すると、

「じゃあ、中国のトップレベルの政治家に直談判しよう」

というわけで、実行委員会の経済人が訪中することになっていたので二階は公明党の国対委員長である漆原良夫をも誘い、北京を訪問した。このころの日中関係は、とても穏やかで、中国側

は二階らに敬意を払うつもりなのか、こともあろうか党内序列三位の全人代委員長呉邦国であった。

型通りの表敬の挨拶をしたのち、二階は本題に入った。

「国交正常化三十五周年を記念し、日中両国の民俗芸能のパレードを計画しているが、ここにその企画委員長の石川先生も同席している。石川委員長は、是非とも長安街を二キロぐらい貸り切って大パレードをしたいと考えているが……」

突然、長安街でのパレードと言われ、呉邦国は言葉を詰まらせた。

わたしは、あらかじめ二階に無理かとは思われるが、長安街のしかるべき所、例えば北京駅辺りからスタートし、長安街に入り、天安門広場を最終ゴールとする。これがベストなのだが、と伝えてあった。長安街でのパレードなんて、建国記念日に軍事パレードをする以外、使用許可が出るはずもないことは分かっていたのだが、二階はいきなり高い要求を突き付けたのである。

呉邦国は案の定、

「それはできない」

と突っぱねた。するとすかさず二階は、

「だったら、譲歩して、王府井商店街ではどうか」

と畳みかける。

「あそこも難しい、この商店街は人出が多すぎる」

すると二階は、

「パレードするのではなく広場に舞台を作って、そこでやる。これならどうか……」

「広場……それなら考える余地はあるかもしれない」

呉邦国は「イエス」と言ったわけではないのだが、二階の気迫に押されたのか、可能性があるような言い方をしてしまったのである。

王府井、国交正常化35記念イベントの竿灯祭り

わたしたち委員会は、中国側委員会に、パレードは王府井に決定した、準備を始めようと伝えるのである。驚いたのは中国側の実行委員会である。まさか党内序列三位の呉邦国に、「その話は本当か？」なんて問い合わせが出来るはずもないからだ。更に驚いたのは王府井の商店街である。そこに仮設舞台を作り、観客を集めるとなれば、終日店を開けることは出来ない。果たして中国側の実行委員会に猛烈な抗議をするのだが、呉邦国がＯＫを出したと説明されれば渋々承諾するしかないはずだ。実のところ、呉邦国がそのように指示したのかどうかは定かではないが、「呉邦国とこの件で話をした」という二階の言葉が流れを作り出し、晴れて王府井広場で大々的な「日中民族伝統芸能祭」が実現したのであった。

呉邦国との会見を終え、王府井の脇にある北京飯店に戻ったわたしたちは、二階に、

「先生よくあんな交渉が出来ましたね」と言うと、

「交渉は駄目元でもいいから、最も自分たちに望ましいボールを投げ、断られたら、次のボールで攻めるものさ。相手にしてみれば、それは無理だと思わせたのに、息つく暇なく高いボールを投げられれば、それまで駄目だ、とは言えないからな……。次回あったとき、また相談しよう。なんてことを言わせたら、この話しは終わってしまう。攻めるときは一気に攻めるのさ」

最後のところで、二階は少年のような笑顔で答えるのであった。

しかし、それだけのことで済まさないのが二階俊博である。何か別のアイディアを思いついたのか二階は電話をかける。

「松岡先生……。二階俊博です。いま北京で公明党の漆原先生と一緒です。大臣。さきほど呉邦国先生と話をつけ、北京の王府井広場で日中正常化三十五周年の大きなイベントをやることが決まった。そこに、日本の米を運び、中国人にお餅でもおにぎりでも良いから、食べさせて、日本の米をＰＲしたいと考えているんだが……」

電話をした相手は松岡農水大臣。松岡はその場でＯＫを出したのか、

「だったら、東京に戻って、すぐに会いに行きます」

と言って二階は電話を切った。そしてわたしに次のように言ったのである。

「折角、北京随一の商店街に日本のお祭りがやって来る。それだったら、中国人の方々に、日本の美味しいコメを食べてもらう機会を作るべきだ。日本から杵と臼を運び、日本の餅つきを見せれば、中国の子供たちも喜ぶだろう」

「いい考えです。でも実行委員会にはそんな予算がありませんよ」

とわたしが答えると、二階は、

「心配しなくてもよい。農水省には、日本の米を海外に売るPR予算があるから、その予算の一部をこの企画に回してもらえばよい。帰国したらすぐ松岡大臣に会って説得するさ」

この時の「おにぎりを配る」という二階のアイディアは実行に移され、王府井の仮設舞台の脇にテントを張り、北京日本商工会議所会員のご婦人たちが協力し、数千個ものホカホカおにぎりが作られ、会場を行き交う中国人たちに配るのであった。

もとより農水省が飛び入り参加してのふるまいであるから、テント内には農水省が作成した日本の米についての展示コーナーも作られていた。二階はこのようにまでして、一つの種からいくつもの花を咲かせる才覚を持ち合わせているのである。

お米の話しが出たので、またまた余談をしたい。日本が中国に輸出したいものの一つに「日本米」があるのだが、いくら交渉しても、こればかりは門戸がわずかしか開かない。二階のアイディアを紹介すると、

「日本のコメはおいしい。だから市場開放してくれ。これでは駄目だ。中国にしてみれば、自分のところの米だっておいしいと考えているはずだ。だったら、例えば『日中友好米』という名で、A袋は日本米五〇%中国米五〇%。B袋は日本米二〇%中国米八〇%。C袋は日本米八〇%、中国米二〇%。この三種類のブレンド米を作るのさ。こうして、日本米と中国米を混ぜた袋を売り出せば、おいしい日本米が多く入っている『C袋』の米が売れるはずだ。そのようになれば

一〇〇%の日本米が欲しくなるだろう。要は自分の国のコメだけを売ると考えるのではなく、相手のメンツも買う事さ」

二階は突拍子もないアイディアを教えてくれた。ここにも二階俊博の商才が垣間見えるではないか。

要人の葬式に出席する二階俊博

再び北京に話を戻す。翌朝、二階、漆原そしてわたしの三人で遅い朝食をとるのだが、その席に二階は黒いネクタイ姿で現れた。

「昨晩、薄熙来のところから電話があって、今日の午後、薄熙来の父親である薄一波先生のお葬式があるので、ぜひ出席して欲しいというので大急ぎで黒いネクタイを買って来たんだ」と言う。

「冠婚葬祭」政治家と言う生き物は、これを常に意識している。第一義は、選挙に直結するからである。しかし二階はわたしの見るところ、これに出席するために、労と時間そして場所を問わない。

二〇一六年十一月、二階は幹事長になっていたが、旧知のインドネシアの要人から、息子の結婚式への招待状が届くと、何と一泊二日の日程でジャカルタにまで出向いてもいるのである。中国においても他の予定をキャンセルしてでも、これを優先する。

二階俊博と薄熙来。この二人の政治家の絆は、余人には想像もできないほど強い。薄熙来が大連市の市長であったころからの知り合いで、会う毎にお互いの信頼関係は強くなっていた。

この二〇〇七年当時、薄熙来は次の党大会に向け「天下取り」のため、秘かに策を練っていた。それにしても薄一波は超保守派の重鎮であり、習近平の父親習仲勲失脚の影の仕掛人ともいわれていた。その薄一波という大物の家族だけの葬式に出席して欲しい、というのは、よほど薄熙来が二階を信頼していなければ有り得ない。この葬式に出席したのは家族、親類以外、薄一波と付き合いのあったカナダの実業家と日本の二階俊博であった。この後も二階俊博と薄熙来の関係は更に緊密になる。薄熙来は商務部長となり、二階も経産大臣となる。お互いがカウンターパートとしての付き合いが新たに始まる。更に薄熙来が、政府直轄地重慶市の書記となると、二階は薄熙来に頼まれ重慶に出かけ、薄熙来と共に記念植林をしている。植林と言えば若木を数百本くらい植えるのだが、この時の薄熙来はすでに数十年も成育している大きな木を数十本も用意して、あたかも映画のセットを大急ぎでつくるかのごとく、並木道のように植えたのである。先を急ぐ薄熙来の性格がよく現れるエピソードではないか。

こんなこともあった。薄熙来は地元の重慶にアメリカのキッシンジャー、日本からは二階俊博をゲストに「国際フォーラム」を開催する。アメリカにおける最高の知中派と、日本における最高の知中派の二人を、自分は招待したのだ。どうだ……。という薄熙来の見栄がうかがえる。すべては、次のポストを狙う野心が感じられるのであろう。しかし、薄熙来は失脚し、今では獄中の身となっているのである。

中国における「二階一座興行」について書いている。この章を締めくくるに当たり、もう一点付け加えたい。それは二〇〇二年、日中国交正常化三〇周年の節目の年に行われた「二階興行」のこと。

中国爆買いツアーの原点

「国交正常化三〇周年」というわけで、二階俊博は、日中両国でそれぞれ二〇〇〇〇人という気の遠くなる旅行者の数字をあげ、相互訪問する計画をぶち上げたのである。

日本各地から中国全土から民間人がお互い訪問し、両国人民の生の姿を体験する。これが興行師二階俊博の考えであった。二万人の人間をどうやって運ぶ? そんな批判も出たのであるが、何より難しかったのは、中国人旅行客に対するビザ発給であった。当時の法務省入国管理局は中国人の訪日といえば、不法就労、不法滞在、犯罪の恐れありとして、許可が出せない。しかし、時の首相小泉純一郎の指示もあり、中国側の担当部局である国家旅遊局が身元保証することとなり、この年二〇〇〇人前後の中国人観光客が日本各地を訪問するのである。生の日本人の姿に接し、平和な日本を楽しむ。これが後々にまで中国各地に伝わり、昨今の「爆買いツアー」あるいは中国人訪日観光客ブームが起こるのである。この年の五月胡啓立政治協商会議副主席を団長とする四〇〇〇人の中国人観光客を受け入れ、同年九月「国交正常化三〇周年記念日中友好文化観光交流事業」という名目で一三〇〇〇人の日本人観光客と八十三名の国会議員による訪中団が組織され、九月二十一と二十二日の二日間、人民大会堂において日中関係史上、空前のイベントが開催される。さらに、この一三〇〇〇人という数に合わせ、万里の長城の八達嶺に、一三〇〇〇本もの記念植樹を行い、その一本一本に、植えた各自の名札を付けるという演出までされていたのである。このことは前にも触れている。先に述べたように、この八達嶺の植樹がどうなっているのか、二階たちは定期的に訪ね、手入れをしている。

それにしても、一時期に国政の政治家八十余名もが中国を訪問することは、めったにある話しではない。こうしたアイディアはすべて二階俊博から出たとは言えないが、この一挙に一万人を超す訪中団計画は、これまでに述べてきた二階俊博の実行力なくしてはあり得ないことであった。中国において、日本の政治家と言えば「二階俊博」と連想が湧くのは、二階俊博におけるこのような大興行がよく知られているからである。こうした二階流海外公演は、この中国やインド、韓国に限らず、インドネシアでも、ベトナムでも。規模の大小は問わず実行されている。二〇一七年の年末には「インド大興行」が計画されている。

「地球儀を俯瞰する外交」という言葉を安倍晋三は使っているが、二階俊博は一議員として、黙々と実行していたのである。そのような二階が播いた種があればこその「地球儀を俯瞰する外交」が可能だったことを考え合わせると、二階俊博という不器は日本外交においても、その卓抜した芸を駆使し「背もたれ」に徹していたと言えるであろう。

本書で折々に触れたが、二階俊博は、なぜかくまでも中国から信頼されるのか。本章の終わりに、わたしの理解を書いておきたい。

わたしは二階が本書に登場した、たとえば習近平、薄熙来、胡春華、呉邦国、唐家璇、陳元等々といった、彼が会う中国要人との席に居合わせたことが多々ある。

こうしたとき、二階は激論を交わすわけでもなく、会見あるいは会談はどこにでもある型通りのものだった。同席すると、ややがっかりするほどにこやかですらあった。こうした席に何度もいたのだが、やがて気がついたのは、お互いがお互いの匂い、すなわち、この人物は、人間として、あるいは政治家として、信用できるのか否かを嗅ぎあっている。と思われたのである。

あらゆる中国人は、と言っても過言ではないほど、政治的な人間である。中国四〇〇〇年の歴史とは、治乱興亡の歴史であり、天下人たちが周期的に立ち上がり、天下の覇権を競った歴史であるから、庶民もその戦に巻き込まれ、どのように生き延びるかのみを考えて生活してきた。したがって「上に政策あれば、下に対策あり」と言われるように、政治権力と如何に付き合うのかは、人生上の最大の課題であったから、庶民もまた身を守るために常に政治的才覚を持たざるを得なかったのである。そうした歴史の中で生きて来た中国人であってみれば権力者も庶民も生き延びる才能のひとつとして、眼力を養わねばならない。

とりわけ権力者たるもの、いつ寝首をかかれるか分からない。だったらどうするのか。人物眼力こそ、最良の身を守る武器となる。しかし、眼力だけで十分なのか。そこで政治家たちは「匂い」という言葉を使い出すのである。匂い。すなわち、眼前の人間が醸し出す雰囲気あるいは立ち居振る舞い。話し方等々から「この人物は信頼に値する」と感じ取る嗅覚を持ってこその政治家だ。というのである。

中国の政治家たちの多くは、二階俊博と対面、会見するとき、二階からそのような「匂い」を嗅ぎ取っていた、とわたしには思われるのである。

もうひとつ、中国の格言に「水清ければ魚棲まず」というのがある。

これは読んで字のごとく、清流に棲むのはたいした魚ではなく、泥水の中を泳ぐ魚こそ、大物であり、美味しい。というのである。政治家もしばしばこの譬えをいう。

中国の政治家たちの多くは、二階に会っているとき、二階俊博から「匂い」を嗅ぎ、そして、この格言を思い出していると思われる。

政治の世界という泥沼に等しい住居では、大きな魚しか生きられない。濁った水の中でも生きられるのが政治家である。

中国の要人たちは、二階俊博という全身政治家に会ったとき、このような古来以来の格言を思い出している。わたしには、そのように思われるのである。

第六章　二階俊博という「方法」

全身政治家、二階俊博の実像または虚像に近づこうと筆を進めてきた。冒頭で陸奥宗光の言葉を引いたが「中国との交際」こそ、日本の運命に大きな影響を与える。中国と如何に付き合うのか。あるいは付き合えるのか。日本にとって中国は古来より「難問」として立ち現れている。本書の結びとして、陸奥宗光が危惧していた中国との交際術についての手掛かりを書きたい。中国はなぜ日本史に難問として立ち現れるのか。その手引きとなる格好の文章を引く。中国文学者武田泰淳は日本と中国の関係について次のように述べている。

地球上に一つの、長い歴史をもつ大きい国があった。その国には、変化に富む大きな自然があり、また、その自然にふさわしい国民、すなわち大きな平野、大きな河、大きな湖、大きな山々のあいだに住みついている「英雄豪傑」たちがあった。これら「英雄豪傑」たちの行動範囲もまことに広大であって、まさに「江湖大侠」と呼ぶにすさわしいものであった。

「義経記」や「平家物語」と「史記」や「三国志」をひきくらべてみてもよい。天下分け目の関ケ原の合戦と、赤壁の合戦との、戦場にかりだされた兵士たちの歩いた距離を思いくらべてもよい。秦の始皇帝や、漢の武帝の統一した領土と、太閤様の掌中にした領土の面積を計算してみるまでもない。大坂夏の陣、冬の陣によって勝敗を決してしまうには、あまりにも広大な土地と大量の人民が中国にはあった。北海道が九州の一つの経済単位にまとめられるより、はるか昔に「南船北馬」によって代表される、華南と華北は、何回もの戦乱によって固く結びつけられていた。

そのような「統一」が大きかったと全く同じ程度に、「分散」もまた大きかったのである。統一と分散、引力と遠心力の大きさは、またその影響下にある人間の運命の大きさにつながっていた。「水滸伝」の百八の星が散らばった地域は、「八犬伝」の八箇の玉の散らばった地域とは、くらべものにならぬ大きな空間であった。梁山泊に結集した英雄好漢たちそれぞれの体験、性格。彼らの協力と分散の矛盾は、馬琴翁の考えることの可能だった南総里見家の八犬伝の八犬士のそれよりも、さらにさらに大きかったのは申すまでもない。分散は、とめどもなくひろがる。そして、絶大の求心力を駆使して、統一もあきもせず、こりもせずにくりかえされる。

大陸における、この拡散と集中の現象が、日本列島に影響を与えたことは、昔も今も変わりないが、辛亥革命以降のそれは、交通や通信が大陸と列島を、より近いものにしたために、ますます他人事ならぬものになっていった。大陸におけるめまぐるしい拡散と集中の運動を、はじめは後進国のみじめな悲運として見下していた人々も、いつのまにか、この運動の渦の中にまきこまれてゆく。各地に割拠する軍閥たちの目標を持たぬ諸運動を、未来性のある根本的な一運動とみまちがえて、けしかけたり、押しいったりしようとする野心家たちも日本にはいた。それらの小さな野心家たちは、相手方の運動を知りつくし、こちらが操っているつもりで安心していたが、実は、かえって、こちらのたち遅れた運動の本質が見抜かれ、知らぬまに、より大きな運動の渦の中の一つの泡に化しつつあったのである。『毛沢東　その詩と人生』（文芸春秋）

「三国志」にもあるように、中国は統一と分裂、また統一し分裂する。これを古代より繰り返している。その認識に立った上で、武田は辛亥革命によって中国が分散を始めた。それならば、これをチャンスと考えた日本が中国進出を企てた。しかしこのときの分散は統一に向かうエネルギーを蓄積していることであったにも係わらず、日本はこれを見誤ったのだ。と武田は言うのである。

いずれにしても今日の中国は共産党一党支配という統一に成功したのだが、中国史から見れば、だったら、また分散するのか。という問いが出るのではあるが、分散に向かうどころか、そして統一が完成してはいるのだが習近平の中国は「大統一」に向かっているという中国研究者もいる。

それは言うまでもなく、台湾を統一し、一国二制度をとっている香港やマカオも中国の一自治体として編入させ、さらに明が支配していた南シナ海からインド洋を経てアフリカの西海岸、そして西安からヨーロッパに向かうシルクロード、こうしたかつて中華帝国の影響下にあった広大な陸地、広大な海の道まで再び支配権を握る、いわゆる「一帯一路」構想を打ち出しての「大統一」なのである。

内政にあっても、習近平は政治局常務委員を削減し、場合によっては二〇一七年秋の党大会では常務委員の内規まで変更し、すでに手中に収めた軍事委員会の主席と党書記に加え国家主席のポストまで握ろうとしているとの話も出ているのである。また本年（二〇一七年）三月に開催された全国人民代表者会議において、習近平は「中国の核心」という名称まで手にしたのであった。政治局常務委員会による「集団指導体制」から、毛沢東一人が支配統治した大独裁者の地位に登り詰めようとしているのである。そのために習近平は「ハエも虎もたたく」と宣言し「反腐敗闘争」に邁進し、多くの政敵を追放していたのである。

これは、毛沢東が「文化大革命」という偽のスローガンを唱えて、政敵を倒そうとした手法に酷似している。習近平は明らかに大統一者たらんとした毛沢東を意識している。

だが毛沢東を意識し、中国の覇者たらんとした人物がもう一人いた。先に挙げた薄熙来であった。薄熙来は次の共産党政治局常務委員を勝ち取るため、北京から遠い重慶において、毛沢東を賛美し、市民に「東方紅」の歌を歌うことを強制し、我こそは毛沢東の後継者なりと暗にほのめかすのである。二〇一四年五月、逮捕される直前、温家宝首相が「文化大革命の再来を企てているものがある」と異例の発言で、薄熙来を厳しく批判したのであった。新しい中国のトップを決める二〇二二年党大会に向け、薄熙来は「毛沢東」という統一者を自分のイメージ化に利用し、遠方の重慶で天下取りの旗を立てる。もう一人の習近平は、その器の中に毛沢東を隠し、秘かに立ち上がる時を待っていた。どっちが勝ったにしろ、毛沢東の影は生き残ったわけである。

なぜこの話を蒸し返すかといえば、中国史において仮にある人物が統一者、あるいは「大統一者」たらんとすれば、次のような文章、あるいは詩心が、彼の脳細胞に、あるいは潜在意識に潜んでいると思われるからだ。

その詩句とは、『沁園春』と題し一九三六年二月、長征の最中、毛沢東が詠んだ詩文である。

北国の風光よ
千里　氷　封じ
万里　雪　翻る
長城の内と外を望めば
惟だ莽莽《ぼうぼう》たるを　余すのみ
大河の上下
たちまち　滔滔《とうとう》たるを失う
山には　銀蛇舞い
原には　蝋象馳り
天公と　高さを比ぶるを　試んとす
晴れし日を須《ま》って
紅の装いと素《しろ》き裏《ころも》を看れば
ことのほか　妖しく嬈《なまめ》かしからん

江山　かくのごと多く嬌《なまめ》かしく
無數の英雄を引《いざな》いて　競《われがち》に折腰《じぎ》をせしめぬ
惜むらくは　秦皇　漢武
略《すこしく》文采において輸《ま》け
唐宗　宋祖
稍《やや》風騷において遜《ゆず》る。
一代の天驕
成吉思汗も
ただ　弓をひいて大雕《おおわし》を射るを　識るのみ
俱往矣《みなすぎにけり》
風流の人物を數へんには
なお　今朝を看よ

毛沢東の詩文で、最も批判され、問題視されるこの詩の後半部分「江山かくのごと……」以下がそれである。

それもそのはずで、まだ天下を手にするどころか、中国の奥地を逃げ回っている、農民たちをかき集めてわずか二万人強の兵士の一人である毛沢東が、

「これまで中国史には多くの英雄がいた。秦の始皇帝や漢の武帝はすごい英雄だが惜しいこと

に文采（文才）がなかった。唐や宋を起こした皇帝も風騒（文才）には見るべきものがない。天の寵愛を受け、欲しいままの勢力をふるったジンギスカンも弓を引いて獲物を射るだけの男だった。こうした英雄はすべて消え去った。だったらそのような英雄はいないのか。いる。今ここにいるではないか」

大雑把にいえば、こんな内容の詩の一節なのだが、問題となったのは「今ここにいるではないか」という結びの語句である。

「それは誰のことだ。まさか自分（毛沢東自身）のことではあるまいな」

と批判されたのである。

この話題を先に進める前に、この詩がどのようなレベルの詩なのか、中国文学者竹内実の解説を引いておく。

「広大無辺の秦晋高原の風景を、ダイナミックなイメージで（舞う蛇・馳る象）とらえている。その壮大な展望は、南は中原を、北は万里の長城をこえて、全『中国』を胸底の視野におさめているかのようである。展望のひろがりにあわせて、作者の思索は、悠久の歴史をさかのぼり、中国に大帝国を樹立した歴史上の英雄をとらえてきて、大胆に、切れ味のよい品評を加える。そして、最後に、民族解放のために奮闘する現代の革命者が、中国の英雄のなかでも、もっともすぐれた英雄だ、と断定する。太陽に輝く雪景を女性の美しい衣裳をもって比喩し、これと祖国賛美を結びつける思いきった技巧も使っているが、この詞に集積された形象の豊富多彩さと、その豊富多彩さに統一をあたえる作者の強烈な個性とは、余人の追随をゆるさない」

竹内が解読したように、中国史に現れた多くの英雄の中で、「最高の英雄は民族解放のために奮闘する現代の革命家だ」という一言に注目したい。毛沢東は、それは自分のことだといったともとれるが、永久革命を指向している毛沢東は「今日ただいまのところは自分であるが、自分の後を継ぐ者がそれに当る」、とも読める言い方をしているのである。

毛沢東を意識しつつ「一帯一路」という名の中国の大統一を目指している習近平こそ、毛沢東が言ったように「中国史最高の英雄」たらんと目論んでいる。というわたしの仮説に当てはまるのである。いやこれは習近平という一政治家でなくてもよい。中国という国家が中国国内においてだけでは無く世界の中で、「大統一」を企てようとするならば、力ずくでもそのような中国に向けて動き出す事だろう。これは中国史の生理といえるからである。

毛沢東が予言する「今朝を看よ」。すなわち「これから立ち現れる中国（一帯一路）を看よ」となる。

くり返すが「大統一に向けて動く中国」これは中国史の深層に潜む潜在意識と思われるのである。これは習近平個人の資質というよりも、習近平はこのような中国史の潜在意識が生み出した政治家といえるのかもしれないのだ。

そのように動き出している中国と日本はいかに付き合うのか。習近平の中国は十月に開催される共産党大会において、更に自分自身に権力を集中させ、その結果大難問として、わたしたち日本の前に立ち現れてくるであろう。そのような中国といかに付き合うのかを考えるとき、これまで紹介した二階の外交芸はひとつのヒントになり得ると考え、本章を書いてみたのである。

また、インドとの外交についても書いてみたのは、インドもナレンドラ・モディという近年では例外的に強い指導力を持つ首相の出現により、習近平の中国と同じように世界政治の一大勢力として立ち現れている。彼も長期政権を視野に入れている。そのようなインドとも日本はどのように付き合うのか。

北東アジアの超大国中国。南西アジアの超大国インド。両国の関係も緊張しつつある。そして、この両国はアメリカに現れたトランプという不可解な大統領とどのように向き合うのだろうか。日本はアメリカはもとより、この二つの大国からも目を離すことは出来ないであろう。

それにしてもどのような巡り合わせでなのか、二階俊博という政治家はこの中国とインドに、本書で述べたように人知れず強いネットワークを構築していたのである。

このような東西南北の全身政治家二階俊博のありようは、「方法としての二階俊博」と言えるのではないのか。内政であれ外交であれ本書でその政治手法あるいは芸を紹介したように二階俊博という政治家はひとつの「方法」になっているのである。

二階俊博という異形の政治家から、次世代の政治家たちは、大いに学んでもらいたい。書き終えたわたしの切なる感想である。

なぜなら理念を語らない二階俊博の政治は「芸」であり、芸は歌舞伎であれ能であれ、伝承者がいなければ滅ぶからだ。二階俊博の「政治芸」にも、これを継承するものが、日本政治には是非もなく必要とされるからである。二階俊博は、政策については多く語り、提言し、実行しているが、政治を「理念」として語ってはいない。理念型の政治家は時として、国家に大災難をもたらすものだ。それを知ればこそ、二階は政治を芸事として黙々と実行していたのである。

その芸とは、第一章で紹介した陸奥宗光の文章に記載されている「芸」のことである。もう一度、あの陸奥宗光の言葉を紹介し、本書の結びとしたい。


立憲政治は専制政治の様に簡単なものではない。であるから、政治家に求められるものはこれにおける巧みさと情熱であり、それは片時もわすれてはならない。政治熱に浮かされる人民はあたかも恋に落ちた少年のごとく、その夢が破れるまでは、良心を失うも同然となる。この少年のごとき政治熱は我が国にあっても、現在も将来もずっと流行し続ける。

これを治療するには、ただただ人民のその意欲に訴え、しかし、他方では、上手にその意欲を制御しなければならない。決して新奇なる（これはえてして陳腐となる）哲学的に解決せんとしてはならない。ここの所は、ただただ知恵のあるものとヒソヒソと論じるべきで、愚者とは決して話し合ってはいけない。

あとがき

議員会館であれ、大臣室であれ、あるいは幹事長室においてであれ、二階俊博の元に役人、市町村議会の政治家、そしてかつて付き合いのあった政治家や団体のトップたちが、入れ代わり立ち代わり、昼夜、日時を問わず訪問する。門前市をなすというけれど、これは二階俊博のためにある言葉だな……とそうした面会人の一人として並んでいた時のことを思い出す。

政治力とは、人を集める力であるとすれば、これほど人を集めうる二階俊博は、正真正銘の「政治家」といえるであろう。

「仕事は忙しい人間に頼め」と言う言葉がビジネスの世界にある。これは出来る人間だから忙しいのだから、仕事の出来る人間とは、いくら忙しくても、その合間をぬって、依頼されたなら、それもちゃんとやってくれる、という意味である。二階の仕事ぶりを見ていると、この言葉を思い起こす。二階俊博は、「止まれば倒れる一輪車」のごとく、一年三六五日、年中無休で働き続けている。

そのような二階の仕事ぶりと、なぜかくまでも、あえて政治家を職業としているのか。そのエネルギー源と、何をしている政治家なのか、を知りたくて出来たのが本書である。

本書を二階俊博が読まれ、「ハテ、他人の空似というやつかしら……。この本に登場するニカイ・トシヒロという政治家は、自分に似ているところもあるな……」と感想を持っていただけたなら作者としては、これに勝る喜びはない。

何にしろ、「全身政治家」である二階俊博の彼の歩んだ人生のどこに光を当てても、「政治」という芸しか反射してこない。それは乱反射した光なのかどうか、本人にもわからないほど色鮮やかに輝くのであるが、しかし、その光は残念なことに政界に住む人間や国民世論にとっては鈍くくすんだ光にしか見えない。なぜなら二階俊博はあえて本書で何度も述べた「不器」に徹し地味な光源体として政界に住んでいるからだと思われる。

本書を書くにあたり、大下英治の多くの二階俊博論を参考にした。大下の著作は二階の事績をドキュメンタリー風に描いていて、貴重なヒントを与えてくれた。また、中国語に堪能な森田栄光さんに、中国語文献の翻訳や原稿整理に労をわずらわせた。記して御礼を申し上げる。また、日中関係に特化した出版物を出し続けている日本僑報社の段躍中さんにとっていささか番外の本かもしれないが、快く出版の労を執っていただいた、御礼を申し上げたい。

二〇一七年九月十八日

石川　好

■著者紹介

石川 好（いしかわ よしみ）

1947年東京都大島町（伊豆大島）生まれ。大島高校卒業後、米カリフォルニア州に渡って、長兄の農園で働く。慶應義塾大学法学部卒業後、再渡米。1989年『ストロベリー・ロード』で第20回大宅壮一ノンフィクション賞を受賞。現在は、ノースアジア大学客員教授、山形県酒田市立美術館長などを務める。前「新日中友好21世紀委員会」日本側委員、湖南大学客員教授、日本湖南省友の会共同代表。著書に『湖南省と日本の交流素描―中国を変えた湖南人の底力』、『漫画家たちの「8・15」』『李徳全―日中国交正常化の「黄金のクサビ」を打ち込んだ中国人女性―』（監修）など多数。

The Duan Press

二階俊博 ―全身政治家―

2017年12月12日　初版第1刷発行
著　者　石川 好（いしかわ よしみ）
発行者　段 景子
発売所　日本僑報社
〒171-0021 東京都豊島区西池袋3-17-15
TEL03-5956-2808　FAX03-5956-2809
info@duan.jp
http://jp.duan.jp
中国研究書店 http://duan.jp

ISBN 978-4-86185-251-0　C0036

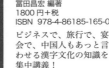

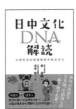

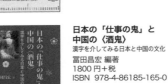

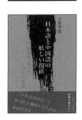

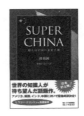

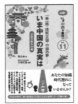

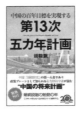

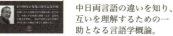

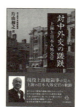

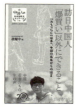

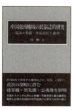

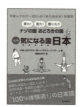

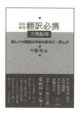

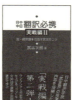

戦後初の中国代表団を率いて訪日し、B・C級戦犯とされた1000人前後の日本人を無事帰国させた中国人女性。

——日中国交正常化18年前の知られざる秘話を初刊行。

日中国交正常化
45周年記念出版

李徳全
日中国交正常化の「黄金のクサビ」を打ち込んだ中国人女性
監 修　石川好
著 者　程麻、林振江
訳 者　林光江、古市雅子
定 価　1800円＋税
ISBN　978-4-86185-242-8

「争えば共に傷つき、相補えば共に栄える」

中曽根康弘元首相 **推薦！**
唐家璇元国務委員 **推薦！**

かつての日本、都心の一等地に発生した日中問題を解決の好事例へと昇華させた本質に迫る一冊。

日中友好会館の歩み
隣国である日本と中国の問題解決の好事例
著 者　村上立躬
定 価　3800円＋税
ISBN　978-4-86185-198-8